구체화된 AI의 미래
딥시크 쇼크
AI 시대, 챗GPT & 딥시크의 미래를 통찰하다

프롤로그

기술 패권을 향한 치열한 경쟁 속에서 인공지능(AI)은 혁신의 중심에 서 있다. 과거 공상과학 소설에서나 등장하던 AI는 이제 산업, 정부, 그리고 개인의 삶에 깊숙이 스며들며 현대 사회의 심장을 뛰게 하고 있다. 이는 단순한 기술 발전이 아니다. 세계의 질서를 재편하는 거대한 변혁이며, 글로벌 AI 경쟁은 단순한 기술적 우위를 넘어 미래를 설계할 권리를 두고 벌어지는 전쟁이다. 이러한 격변 속에서 기존의 판도를 뒤흔드는 이름이 등장했다.

딥시크(DeepSeek), 이 혁신적인 AI 모델의 등장은 기대와 두려움을 동시에 불러일으키며, 기술 업계 전반에 지각변동을 일으키고 있다. 딥시크는 단순한 기술적 혁신을 넘어선 전환점이다. 그 잠재력은 기존 AI의 한계를 뛰어넘으며, 인류의 가능성을 새로운 차원으로 확장시키고 있다.

딥시크의 가장 놀라운 점은 그 기술적 성취뿐만 아니라 출발지에 있다. 이는 중국의 집요한 기술적 추구와 막대한 투자, 치밀한 전략이 만들어낸 결과물이다. 한때, 기술 강국들에 뒤처진다고 평가받던 중국은 이제 AI 분야에서 미국, 유럽과 어깨를 나란히 하거나, 일부 영역에서는 앞서 나가고 있다. 이는 우연이 아니다. 국가적 차원의 정책적 지원과 AI를 미래 산업의 중심축으로 삼은 전략적 의사결정이 만든 필연적인 결과다.

중국의 AI 부상은 단순한 기술적 서사가 아니다. 그것은 미래 세계 질서를 결정짓는 핵심 이야기다. 슈퍼컴퓨팅, 알고리즘 개발, 데이터 주도형 혁신을 통해 중국은 AI의 방향을 선도하는 플레이어로 자리 잡았다. 딥시크는 단순한 중국의 성취가 아니다. 그것은 세계에 보내는 선언문이다. 기존 기술 강국인 미국과 유럽의 독점적 지위를 흔들며, 글로벌 기술 경쟁의 판도를 바꾸고 있다.

딥시크는 어떻게 기존 AI 모델을 뛰어넘을 수 있었는가? 이 모델이 산업과 국가, 그리고 개인의 삶에 미칠 영향은 무엇인가? 무엇보다, AI가 만들어가는 미래는 어떤 모습이어야 하는가? 이 책은 바로 이러한 질문에서 출발한다.

이 책은 AI가 어떻게 현대 사회를 재편하고, 경제와 국가 전략을 결정하며, 인류의 가능성을 다시 정의하는지를 탐구한다. 딥시크는 그저 하나의 AI 모델이 아니다. 그것은 새로운 세계 질서의 신호탄이며, 기술과 권력, 그리고 인간의 미래를 다시 생각하게 만드는 도전이다. 이제 우리는 새로운 시대의 문 앞에 서 있다. 혁신은 기존의 질서를 뒤흔들고, 미래를 형성하는 힘이다. 딥시크의 등장은 권력과 발전, 그리고 가능성에 대한 새로운 패러다임을 제시한다.

이 책은 딥시크는 어떻게 기존의 AI 모델이 이루지 못한 성과를 달성했는가? AI 산업, 국가, 개인에게 어떤 영향을 미칠 것인가? 그리고 가장 중요한 질문, AI가 만들어 내는 기술이 곧 미래를 정의하는 이 시대에서, 우리는 어떤 방향으로 나아가야 하는가?에 대한 AI 산업의 중심에 놓인 딥시크의 부상과 그 의미를 탐구하는 데 초점을 맞추며, 딥시크 혁명(The DeepSeek disruption)을 탐구하는 여정을 담고자 한다.

괴짜 수학자 천재의 탄생

중국의 대표적인 AI 스타트업 딥시크(DeepSeek)의 창립자인 **량원펑(梁文峰)**은 AI 기술과 산업 생태계를 뒤흔든 인물로 평가된다. 그는 어린 시절부터 수학에 뛰어난 재능을 보이며 '수학 천재'로 불렸다. 중·고등학교 시절부터 수리과학에 대한 깊은 관심을 가졌고, 특히 선형대수와 편미분방정식에 강한 이해력을 보였다. 이러한 수학적 배경은 그가 이후 AI 기술을 연구하고, 딥시크(DeepSeek)를 창립하는 데 중요한 기반이 되어, 선형대수와 최적화 알고리즘을 활용한 저비용·고효율 AI 모델 개발이 핵심 전략으로 작용했다.

그는 2013년 금융 투자 분야인 야코비 투자 관리회사(Jacobi investment management)를 첫 창업으로 설립했으며, 이후 퀀트 투자 전문 헤지펀드 하이플라이어(High-Flyer)의 전신을 구축했다. 이 과정에서 수리과학과 알고리즘 최적화 기법을 금융 데이터 분석에 적용하는 실험을 진행했으며, 이는 AI 모델을 보다 효율적으로 설계하는 데 중요한 기반 기술이 되었다.

야코비 투자 관리회사의 명칭은 독일의 저명한 수학자 카를 구스타프 야코프 야코비(Carl gustav jacob jacobi)에서 유래했다. 야코비는 선형대수(Linear algebra)와 편미분방정식(Partial differential equations) 분야에서 중요한 이론을 정립한 인물로, 그의 연구는 현대 AI 딥러닝(Deep learning)의 수학적 기초가 되었다. 특히, 인공신경망(ANN, Artificial neural networks)은 선형대수를 기반으로 설계되며, 모델의 예측·생성·추론 기능은 수학적으로 표현된 함수의 최적화 과정에서 이루어진다.

AI 학습 과정에서 필수적인 **야코비안 행렬(Jacobian matrix)**은 다변수 벡터 함수의 1차 미분을 나타내는 행렬로, 딥러닝 모델의 학습 최적화와 추론 성능 향상을 위한 핵심 수학적 도구로 활용된다. 산업용 로봇 팔의 경로 최적화, 반도체 공정 자동화, 제철소 공정 최적화 등에서도 야코비안 행렬을 활용한 최적화 기법이 적용되며, AI 시스템의 효율성을 극대화하는 데 필수적이다.

이러한 수학적 최적화 기법은 딥시크의 대표적인 AI 모델인 'V3'(생성형 AI)와 'R1'(추론형 AI)에도 그대로 반영되었다. 딥시크는 엔비디아(NVIDIA) 또는 화웨이(Huawei)의 저사양 반도체 칩을 활용하여, 기존 대형 AI 모델 대비 낮은 비용으로 높은 성능을 구현하는 데 성공했다. 이는 회로 최적화와 연산 병렬화 기법을 통해 하드웨어 성능을 극대화한 결과이며, 수학적 최적화 전략이 AI 하드웨어 설계에 미치는 영향을 보여준다.

AI 반도체 아키텍처에서 필수적인 고대역폭 메모리(HBM, High bandwidth memory)의 핵심 기술을 개발한 김정호 KAIST 전기및전자공학부 교수는 **"AI 개발은 곧 수학 최적화의 집합체"**라고 강조하며, AI 시대의 핵심 인재를 육성하려면 기존의 중·고교 수학 교육 과정을 전면 개편해야 한다고 강조했다.

AI 기술의 발전은 단순한 소프트웨어 개발을 넘어, 수학적 사고력과 최적화 알고리즘을 기반으로 혁신을 창출하는 방향으로 전개될 것이며, 이러한 흐름 속에서 딥시크는 AI 산업의 패러다임을 변화시키는 핵심 기업으로 자리 잡고 있다.

🐋 딥시크(DeepSeek)의 등장과 글로벌 AI 패권 경쟁

중국 AI 스타트업 **딥시크(DeepSeek)**의 등장은 AI 기술 패권을 둘러싼 글로벌 경쟁을 더욱 격화시키고 있다. 딥시크는 저비용으로도 미국 유수 AI 모델과 유사한 성능을 구현했다는 평가를 받으며, AI 시장의 판도를 흔들고 있다. 특히, 엔비디아의 고성능 GPU 없이도 AI 모델을 개발할 수 있다는 가능성을 제시하면서, AI 산업의 효율성과 비용 구조에 대한 기존의 패러다임을 뒤집는 계기가 되고 있다.

그러나 AI 개발 비용 축소 의혹, 오픈AI 데이터 도용 논란, 서구권의 견제, 중국 내 사이버 보안 우려 등 다양한 논란과 도전에 직면하고 있다. 미국과 유럽은 데이터 보안 및 국가 안보를 이유로 딥시크를 규제하려는 움직임을 보이며, AI 패권 경쟁이 새로운 국면을 맞이하고 있다.

◆ 딥시크의 영향력과 기술적 혁신

중국 AI 스타트업 딥시크(DeepSeek)의 등장은 글로벌 AI 시장에 큰 파장을 일으켰다. 미국의 주요 AI 모델과 유사하거나 이를 뛰어넘는 성능을 저비용으로 구현했다는 평가를 받으며, 미·중 AI 기술 패권 경쟁을 가속화하는 요인으로 작용하고 있다.

딥시크가 최근 공개한 **추론 모델 'DeepSeek-R1(R1)'과 'DeepSeek-R1-Zero'**는 기존 AI 모델과 비교해 약 557만 달러(한화 약 79억 원)라는 낮은 비용으로 개발되었다고 주장했다. 특히, 엔비디아(NVIDIA)의 저사양 GPU(H20·H800)를 활용해 고성능 AI 모델을 개발했다는 점은 주목할 만한 요소다. 이로 인해, 초고가 AI 반도체(H100·H200)가 필수적이라는 기존 시장의 인식에 의문이 제기되며, 엔비디아 주가가 하락하는 등 업계 전반에 충격을 주었다.

◆ 딥시크의 강화학습 기반 개발 전략

딥시크의 AI 모델 개발 방식은 기존 AI 모델과 차별점을 보인다. 이 방식은 최소한의 사전학습만 수행하고, 강화학습을 통해 자체 검증과 성능 향상을 지속적으로 반복하는 방식으로, 기존 AI 모델 대비 학습 비용을 대폭 절감할 수 있는 가능성을 보여주었다.

- 기존 AI 모델은 대규모 사전학습(Supervised fine-Tuning)에 의존하여 데이터셋을 기반으로 답변을 생성하는 방식이었다.

- 딥시크의 R1 모델은 강화학습(Reinforcement learning) 중심의 개발 방식을 적용, AI가 스스로 정답을 추론하고 학습하는 자기주도 학습(Self-Learning) 시스템을 구축했다.

◆ 비용 절감 및 데이터 도용 논란

딥시크의 낮은 개발 비용 주장에 대해 의혹이 제기되고 있다. 이 같은 논란이 해결되지 않는다면, 딥시크의 글로벌 시장 확장에 제동이 걸릴 가능성도 배제할 수 없다.

- R1 모델이 기존 딥시크 모델(DeepSeek-V3-Base)에서 파생된 것이라면, 실제 개발 비용이 축소된 방식으로 산정되었을 가능성이 있다.

- 딥시크가 오픈AI의 데이터를 무단으로 사용했을 가능성이 제기되며, 오픈AI가 조사에 착수한 상태다.

◆ 미국 및 유럽의 딥시크 견제 움직임

딥시크의 성장에 대한 미국과 유럽의 견제도 강화되고 있다. 특히, 트럼프 대통령이 딥시크의 등장을 미국 AI 산업에 대한 경고 신호로 받아들이면서, 향후 중국 AI 산업에 대한 규제 및 제재 강화 가능성이 커지고 있다.

- 미국 해군은 딥시크 사용 금지령을 내리고, 중국 AI가 국가 안보에 미칠 위험성을 경고했다.
- 이탈리아, 아일랜드 등 유럽 국가들도 개인정보 보호 문제를 이유로 딥시크 차단 조치를 취하고 있다.

◆ 사이버 보안 위협과 중국 내 반응

- 딥시크가 주목받기 시작한 이후, 중국 사이버 보안 기업들은 딥시크를 대상으로 한 사이버 공격이 급증했다고 주장하고 있다.
- 중국 정부는 딥시크를 자국 AI 산업의 성과로 부각하면서, 서구권의 견제와 맞서는 태도를 유지하고 있다.

딥시크의 미래와 글로벌 AI 패권 경쟁 딥시크는 AI 개발 비용 절감과 효율적 모델 훈련 방식이라는 측면에서 혁신적인 변화를 가져왔지만, 데이터 도용 및 개인정보 보호 문제, 미국과 유럽의 견제 등 여러 도전에 직면해 있다. 딥시크가 AI 시장에서 지속적인 영향력을 행사하려면, 기술적 성과뿐만 아니라 데이터 윤리 및 글로벌 규제 대응에서도 신뢰를 확보해야 할 필요가 있다.

미국과 중국의 AI 패권 경쟁은 더욱 격화될 것이며, AI 기술의 국지적 차단과 경제적 블록화 현상이 심화될 가능성이 있다. 딥시크의 등장은 단순한 AI 스타트업의 부상을 넘어, AI 패권 경쟁의 새로운 국면을 예고하며 글로벌 AI 산업의 향방을 결정짓는 주요 변수로 작용할 것으로 보인다.

딥시크 충격과 AI 반도체·메모리 시장의 변화

딥시크(DeepSeek)의 등장은 AI 반도체와 메모리(HBM) 시장의 기존 패러다임을 흔들며, 비용 효율적인 AI 모델 개발이 가능하다는 점을 입증했다. 특히, 고가의 AI 칩 없이도 고성능 AI 모델을 구현할 수 있다는 사실이 확인되면서, AI 반도체 및 메모리 수요 구조가 변화할 가능성이 커지고 있다.

딥시크가 엔비디아(NVIDIA)의 저사양 GPU(H800)만으로도 경쟁력 있는 AI 모델을 개발했다는 사실이 알려지면서, AI 업계에서는 "고성능 AI 칩이 반드시 필요한가"라는 회의론이 확산되고 있다. 이는 고대역폭메모리(HBM) 시장에도 영향을 미칠 가능성이 있으며, 기존 고성능 HBM 중심의 시장 구조가 변할 수 있다는 전망이 제기되고 있다.

이러한 변화 속에서 삼성전자, SK하이닉스 등 국내 반도체 기업들은 전략 수정이 불가피해졌으며, AI 반도체와 메모리 시장 전체의 방향성이 재편될 가능성이 커지고 있다. 또한, 미국과 유럽은 딥시크의 기술적 성과뿐만 아니라 데이터 도용 논란, 국가 안보 리스크 등을 이유로 견제에 나서면서, AI 패권 경쟁이 더욱 격화될 조짐을 보이고 있다.

◆ 딥시크의 등장과 AI 반도체 · 메모리 시장의 재편 가능성

중국 AI 스타트업 딥시크(DeepSeek)의 R1 모델 출시는 AI 반도체 및 메모리(HBM) 시장에 구조적인 변화를 가져올 가능성이 크다. AI 칩 성능 변화에 따라 이를 지원하는 고대역폭메모리(HBM) 시장에도 큰 변화가 예상된다.

- 저사양 AI 칩(H800)만으로도 고성능 AI 모델을 구현할 수 있다는 점을 입증하면서, '고성능 AI 칩이 필수적인가'라는 회의론이 확산되고 있다.

- 엔비디아(NVIDIA)의 H100·H200과 같은 고성능 AI GPU의 필요성이 상대적으로 낮아질 수 있으며, 이는 AI 칩 시장의 수요 변화로 이어질 가능성이 크다.

- HBM은 AI 칩과 함께 대규모 연산을 수행하는 필수 메모리이지만, 저성능 AI 칩의 수요가 증가하면 HBM도 고사양 제품이 아닌, 저사양 제품(HBM3 등)의 수요가 증가할 가능성이 크다.

- HBM 시장에서 선두를 달리는 삼성전자, SK하이닉스 등 국내 기업들은 이러한 변화에 맞춰 전략을 수정해야 하는 상황에 직면했다.

◆ 딥시크의 AI 모델 개발 방식과 비용 절감 전략

딥시크가 AI 업계를 뒤흔든 이유는 기존 초거대 AI 모델(GPT-4, Gemini 등) 대비 현저히 낮은 비용으로 경쟁력 있는 모델을 개발했다는 점이다. 이러한 변화는 AI 학습에 필수적인 HBM 수요 변화로 이어질 가능성이 크다.

- 딥시크는 H800과 같은 저사양 GPU를 시간당 2달러에 임대하여 AI 모델을 학습시켰으며, 저비용으로도 강력한 AI 모델을 구축할 수 있다는 가능성을 업계에 제시했다.

- AI 학습 과정에서 최신형 HBM이 아닌 HBM3 등 구형 제품을 활용하는 방식이 확산될 가능성이 있으며, 이에 따라 전체적인 HBM 가격대가 하락할 수 있다.

- HBM이 고부가가치 제품으로 자리 잡으며 반도체 업계의 수익성을 견인해 온 만큼, 가격 하락은 국내 반도체 기업들의 실적에도 영향을 미칠 가능성이 크다.

◆ 딥시크 충격이 불러온 시장 전망과 논란

기회 요인

- H800과 같은 저사양 GPU를 활용한 AI 모델 개발 방식이 확산되면서, 전 세계적으로 AI 연구개발(R&D)이 더욱 활발해질 가능성이 크다. AI 기술의 비용이 낮아질 경우, 더 많은 기업들이 AI 모델 개발에 뛰어들 것이며, HBM 및 AI 반도체 시장 전체의 수요가 증가할 수 있다. HBM 시장의 범위가 확대되면서 기존의 AI 데이터센터 중심에서, 엣지 AI · 소규모 AI 연산 등으로 활용 영역이 다변화할 가능성이 있다.

위험 요인

- HBM4 등 고성능 제품이 필요하지 않다면, 신형 HBM의 판매 전망이 악화될 수 있다. HBM 가격이 하락하면, 삼성전자와 SK하이닉스의 메모리 사업 수익성에 부정적인 영향을 미칠 가능성이 크다. 중국이 HBM3 수준의 제품을 자체적으로 개발할 역량을 갖추고 있기 때문에, 한국 반도체 기업들이 기존처럼 중국 시장을 선점하기 어려울 가능성이 있다.

글로벌 AI 반도체 · 메모리 시장의 미래 딥시크의 등장으로 인해 AI 반도체와 메모리 시장의 변화는 불가피해 보인다. HBM 시장에서 기존의 고성능 제품 위주 전략에서, 중 · 저가 제품 수요까지 고려한 다변화 전략이 필요해질 가능성이 크며, 엔비디아를 비롯한 AI 반도체 기업들은 고성능 AI 칩 외에도 저비용 · 고효율 AI 모델에 적합한 칩 개발을 고려해야 할 수도 있다.

HBM 시장이 기존 데이터센터 중심에서 엣지 AI, 소규모 AI 모델 등으로 확장될 가능성이 있으며, 이에 따라 AI 반도체와 메모리 산업의 전체적인 수요는 오히려 증가할 수도 있다. 결국, AI 반도체와 메모리 시장은 단순한 기술적 변화가 아닌, 글로벌 AI 패권 경쟁과 맞물려 복합적으로 움직일 것이며, 국내 기업들은 이에 대응하는 새로운 전략을 마련해야 할 시점이다.

목차: 딥시크 쇼크

- 004 프롤로그
- 006 괴짜 수학자 천재의 탄생
- 008 딥시크(DeepSeek)의 등장과 글로벌 AI 패권 경쟁
- 011 딥시크 충격과 AI 반도체 · 메모리 시장의 변화

01 AI의 부상과 글로벌 기술 경쟁

- 021 인공지능의 초기 시대
- 024 AI 경쟁의 주요 플레이어: 미국, 유럽, 중국, 그리고 한국
- 029 중국의 AI 야망: AI 굴기와 기술 패권 전략
- 032 인공지능(AI)이 전장이 되는 이유

02 딥시크 모델 분석

- 036 딥시크(DeepSeek)란 무엇인가?
- 038 기술적 혁신: 딥시크의 차별화된 접근
- 042 딥시크와 기존 AI 모델의 차이점
- 044 딥시크 모델의 한계와 발전 가능성
- 046 딥시크가 저렴한 이유?
- 048 딥시크 사용하기
- 057 프롬프트(채팅창)에 대하여

03 산업 전반에서의 딥시크 응용

- 062 의료 분야의 혁신
- 065 교육 분야의 혁신
- 069 스마트 시티 및 도시 계획
- 071 국가 안보 및 국방
- 072 글로벌 금융 및 경제 분석
- 074 기업 경영 및 자동화

04 글로벌 파급 효과

- 078 중국의 기술적 소프트 파워
- 082 심화되는 글로벌 경쟁
- 086 AI 규제와 윤리
- 087 AI와 지정학: 기술 패권 경쟁
- 092 AI 주도권을 위한 국제 협력과 갈등

05 도전과 논란

- 098 기술적 한계: AI가 해결해야 할 과제들
- 104 프라이버시 및 감시 우려
- 107 AI가 가져올 경제 및 노동 시장의 변화
- 110 AI와 인간의 공존 문제
- 114 AI의 오용과 악용 가능성

06 AI와 미래 사회

- 120   AI가 주도하는 미래 사회의 모습
- 122   AI와 인간의 역할 변화
- 124   AI 거버넌스와 책임 있는 개발
- 126   AI의 철학적·사회적 의미
- 128   글로벌 AI 경쟁의 미래, 그리고 딥시크
- 130   딥시크, 기회인가 위협인가?
- 134   AI와 인간이 함께 나아갈 방향: 딥시크의 역할

07 AI 및 딥시크 투자

- 138   딥시크를 비롯한 주요 AI 기업들의 투자 동향
- 142   AI 기술의 경제적 가치
- 146   AI 산업의 미래 성장 가능성에 대한 분석

017   **부록: AI 관련 비즈니스 도서**

🐦 부록: AI 관련 비즈니스 도서

본 도서를 구입한 독자분께는 [연봉 5억 N잡러가 되기 위한 AI 무자본 창업 50선]과 [2025 소자본 비즈니스 아이디어] 도서(PDF)를 무료로 제공한다. 이 도서는 생성형 AI 활용 대중화를 통해 누구나 도전해 볼 수 있는 AI 무자본 창업에 대한 영감과 아이디어를 샘솟게 해주는 아주 실험적인 내용이 담긴 전자책(PDF) 형태의 도서이다. 해당 부록 도서들은 본 도서를 구입(대여 책 불가)한 독자들에게만 특별 부록으로 제공된다.

부록 전자책 요청하기

본 도서에 포함된 두 가지의 전자책(PDF)이 필요한 독자는 스마트폰 카메라를 이용해 QR 코드를 스캔한 후 "책바세 톡톡" 카카오톡 채널로 접속하여, 해당 부록 도서와 비밀번호를 요청하면 된다. 자세한 내용은 아래 내용을 참고한다.

이름과 **직업**을 **지워지지 않는 펜**으로 쓴 후 촬영하여 QR 코드 스캔을 통해 접속한 **"책바세★톡톡"** 카카오 톡톡에, 촬영한 **이미지**와 함께 요청한다.

01
AI의 부상과 글로벌 기술 경쟁

021　인공지능의 초기 시대

024　AI 경쟁의 주요 플레이어: 미국, 유럽, 중국, 그리고 한국

029　중국의 AI 야망: AI 굴기와 기술 패권 전략

032　인공지능(AI)이 전장이 되는 이유

"21세기는 AI 패권을 둘러싼 경쟁의 시대이다."

1956년 다트머스 회의에서 처음 등장한 인공지능(AI)은 수십 년간 반복된 낙관과 실망 속에서 발전해 왔다. 그러나 최근의 AI 혁신은 과거와 차원이 다르다. 머신러닝과 딥러닝의 도약, 데이터 처리 기술의 발전, 그리고 초거대 언어 모델(LLM)의 등장으로 AI는 이제 단순한 기술이 아니라, 글로벌 패권 경쟁의 핵심으로 자리 잡았다.

인공지능(AI)은 더 이상 공상과학 소설의 소재가 아닌 우리 일상의 현실이 되었다. 지난 10년간 AI 기술은 기하급수적으로 발전하며 인류 문명의 새로운 전환점을 맞이하게 되었다. 특히, 2020년대에 들어서며 AI는 단순한 기술 혁신을 넘어 국가 간 패권 경쟁의 핵심 무대가 되었다.

AI 기술의 역사를 되돌아보면, 미국이 이끌었던 시대가 있었다. 실리콘밸리는 기술 혁신의 중심지로 자리 잡았고, 구글, IBM, 마이크로소프트(MS) 같은 미국 기업들은 AI 연구개발에 수십억 달러를 투자하며 산업을 선도했다. 자연어 처리, 로보틱스, 컴퓨터 비전 등 다양한 분야에서 발전이 이루어졌으며, 2010년대 중반까지 미국은 AI 산업의 확고한 리더로 군림했고, 유럽은 비록 미국만큼 강력한 AI 패권을 쥐진 못했지만, 나름의 입지를 구축했다.

유럽연합(EU)은 AI 윤리 연구에 막대한 투자를 단행하며, 혁신과 개인정보 보호 사이에서 균형을 유지하려 했다. 구글이 인수한 딥마인드(DeepMind) 같은 유럽 기업들은 AI 분야에서 큰 성과를 거두었으며, EU는 '책임 있는 AI'라는 철학을 앞세워 AI 규제 및 협업을 주도하는 방향으로 발전했다. 미국만큼 투자 규모가 크지는 않았지만, 신뢰성과 윤리를 내세운 AI 전략으로 세계 AI 경쟁에서 중요한 역할을 수행했다.

주목할 만한 점은 중국의 급부상이다. 중국은 2017년 '차세대 AI 발전 계획'을 통해

2030년까지 AI 분야 세계 최강국이 되겠다는 야심찬 목표를 선언했다. 이는 단순한 선언에 그치지 않고, 대규모 투자와 정책적 지원을 통해 실질적인 성과를 이뤄내고 있다. 딥시크(DeepSeek)와 같은 혁신적인 AI 모델의 등장은 이러한 중국의 기술력이 이미 상당한 수준에 도달했음을 보여주는 증거다.

AI가 전장이 되는 이유는 명확하다. AI는 단순한 기술 그 이상의 의미를 지닌다. 군사력, 경제력, 그리고 문화적 영향력을 결정짓는 핵심 요소로 자리 잡았기 때문이다. AI 기술의 우위는 곧 미래 세계 질서의 주도권과 직결된다. 이는 과거 핵무기나 우주 개발 경쟁과도 비견될 수 있는 21세기의 새로운 패권 경쟁이다.

이 장에서는 AI의 태동부터 현재까지의 발전 과정을 살펴보고, 글로벌 기술 경쟁의 새로운 전장이 된 AI 분야에서 벌어지는 강대국들의 치열한 각축전을 분석한다. 특히 미국, 중국, 유럽연합이라는 세 거대 플레이어들의 AI 전략과 그들이 펼치는 기술 패권 경쟁의 본질을 들여다볼 것이다.

이어지는 내용에서는 AI의 초기 발전 과정부터 현재의 기술 경쟁 양상까지, 그리고 각국의 전략과 그 함의를 상세히 살펴볼 것이다. 이를 통해 우리는 AI가 가져올 미래의 모습과, 이 치열한 경쟁 속에서 우리가 취해야 할 자세에 대해 더 깊이 이해할 수 있을 것이다.

🐳 인공지능의 초기 시대

오늘날 인공지능(AI)은 산업과 사회 전반에 걸쳐 혁신을 주도하는 핵심 기술로 자리 잡았지만, 그 시작은 20세기 중반으로 거슬러 올라간다. 1956년, 미국 다트머스 대학에서 열린 한 작은 워크숍이 AI 연구의 출발점이 되었다. 이 자리에서 존 매카시(John McCarthy), 마빈 민스키(Marvin minsky), 클로드 섀넌(Claude shannon), 앨런 뉴웰(Allen newell) 등 당시 최고의 수학자와 공학자들이 모여, 인간의 사고 과정을 기계로 구현할 수 있다는 가능성을 논의하였고, 이들은 처음으로 "인공지능(AI: Artificial Intelligence)"이라는 개념을 제시하며, 인간과 유사한 사고 능력을 가진 기계를 만드는 것이 가능하다고 주장했다.

이후 1950~60년대는 AI 연구의 첫 번째 물결이 일어난 시기였다. 초기 AI 연구자들은 인간의 논리적 사고를 모방하는 **규칙 기반 시스템(rule-based system)**을 개발하며, 퍼셉트론(Perceptron)과 같은 기초적인 신경망 모델을 실험했다. 당시 AI 연구의 대표적인 성과로는 **앨런 뉴웰과 허버트 사이먼(Herbert Simon)**이 개발한 "논리 이론가(Logic Theorist)"와 "일반 문제 해결기(General Problem Solver)"가 있다. 이들은 인간이 수학적 문제를 푸는 방식을 모방해 특정 규칙을 적용하여 논리를 전개하는 AI 시스템이었다.

◆ AI의 첫 번째 겨울: 기대와 현실의 간극

하지만 1970년대에 접어들면서 AI 연구는 **첫 번째 "AI 겨울(AI Winter)"**을 맞이했다. 당시 연구자들은 AI가 곧 인간 수준의 지능을 갖출 것이라는 과장된 기대를 품었지만, 현실적인 한계는 명확했다.

- **연산 능력 부족** 당시 컴퓨터의 성능이 지금과 비교할 수 없을 정도로 낮았기 때문에, AI가 복잡한 연산을 수행하기 어려웠다.
- **데이터 부족** AI가 학습할 수 있는 데이터가 제한적이었으며, 현재와 같은 대규모 데이터 처리 기술이 존재하지 않았다.
- **지식 표현의 한계** AI 시스템이 인간처럼 사고하고 판단하려면 방대한 지식을 축적하고 이를 체계적으로 활용해야 하지만, 기존 규칙 기반 시스템은 복잡한 문제를 해결하는 데 한계를 보였다.

이로 인해 AI 연구에 대한 정부와 산업계의 투자가 줄어들었고, 많은 연구자들이 AI를 떠나거나 다른 분야로 전향했다. 하지만 이러한 위기 속에서도 연구자들은 계속해서 새로운 방법을 모색했고, AI는 또 다른 혁신의 순간을 기다리고 있었다.

◆ 전문가 시스템과 AI의 부활

1980년대에 들어서면서 AI 연구는 **전문가 시스템(Expert system)**을 중심으로 다시 활력을 찾았다. 전문가 시스템은 특정 분야의 지식을 기반으로 의사 결정을 내리는 AI 프로그램이었다. 대표적인 사례로는 MYCIN(의료 진단 시스템)과 XCON(컴퓨터 부품 조립 시스템)이 있으며, 이들은 기업과 연구소에서 실질적인 활용 가치를 인정받았다.

하지만 전문가 시스템 역시 한계를 가졌다. 새로운 지식을 추가하려면 사람이 직접 규칙을 입력해야 했으며, 데이터가 증가할수록 시스템이 지나치게 복잡해졌다. 또한, 유연성이 부족해 기존 지식과 다른 문제를 만나면 쉽게 오작동하는 문제점이 있었다.

◆ 딥러닝의 서막: 신경망의 재발견

이러한 한계를 극복하기 위한 연구가 이어지던 중, 1986년 **제프리 힌튼(Geoffrey hinton)**이 다층 퍼셉트론(Multilayer Perceptron, MLP)과 역전파 알고리즘(Backpropagation)을 발표하며 신경망 연구가 다시 주목받기 시작했다. 하지만 당시에는 여전히 연산 능력이 부족했기 때문에 신경망 기술이 크게 발전하지는 못했다.

1990년대에 들어서면서 AI 연구는 점차 **통계적 접근법(Statistical approach)**을 받아들이며, 머신러닝(Machine learning)과 데이터 기반 학습이 주류로 자리 잡았다. 그리고 2000년대 이후, 빅데이터와 GPU(그래픽 처리 장치)의 발전이 맞물리면서 AI는 새로운 전성기를 맞이하게 된다.

AI의 초기 시대는 가능성과 한계를 동시에 보여준 시기였다. 연구자들은 인간의 지능을 모방하는 방법을 고민하며 수많은 실패와 도전을 반복했고, 결국 이러한 과정이 오늘날 AI 혁신의 초석이 되었다. 이제 AI는 단순한 규칙 기반 시스템을 넘어, 자율적으로 학습하고 판단하는 단계에 도달했으며, 이는 글로벌 기술 경쟁의 새로운 국면을 예고하고 있다.

이러한 초기 시대의 경험은 오늘날 AI 발전에 중요한 교훈을 제공한다. 기술적 한계와 현실적 제약을 인정하면서도, 끊임없는 혁신을 추구한 선구자들의 노력이 현재의 AI 혁명을 가능케 했다. 특히, 초기 실패와 한계는 오히려 더 견고한 이론적 기반을 다지는 계기가 되었으며, 이는 현대 AI 발전의 밑거름이 되었다.

AI 경쟁의 주요 플레이어: 미국, 유럽, 중국, 그리고 한국

AI는 이제 단순한 기술이 아니라, 국가의 미래 경쟁력을 좌우하는 핵심 요소가 되었다. 각국은 AI를 경제 성장의 동력으로 삼는 것은 물론, 군사·안보·사회 전반에 걸쳐 전략적으로 활용하고 있다. 특히 미국, 유럽, 중국은 AI 패권을 두고 서로 다른 강점과 전략을 앞세워 경쟁하고 있다.

◆ 미국: AI 패권을 쥔 선두 주자

미국은 AI 기술의 기초 연구부터 산업화까지 모든 영역에서 세계를 선도하고 있다. 구글(Alphabet), 마이크로소프트, 아마존, 메타, 테슬라와 같은 빅테크 기업들이 AI 연구를 주도하며, 실리콘밸리를 중심으로 혁신적인 AI 스타트업들이 지속적으로 등장하고 있다. 또한, OpenAI의 ChatGPT, 엔비디아의 AI 반도체, 테슬라의 자율주행 AI 등 다양한 분야에서 압도적인 기술력을 보유하고 있다.

미국의 장점

- **세계 최고 수준의 AI 연구 인프라** 스탠퍼드, MIT, UC 버클리 등 최상위 연구기관이 AI 연구를 선도하고 있다.

- **거대한 자본과 인재 풀** 빅테크 기업과 벤처 캐피털(VC)이 AI R&D에 막대한 투자를 하고 있으며, 세계 최고 수준의 AI 엔지니어들이 활동하고 있다.

- **AI 반도체 및 클라우드 컴퓨팅 강점** 엔비디아(NVIDIA)와 AMD가 AI 학습을 위한 GPU 시장을 지배하고 있으며, AWS, 구글 클라우드, MS 애저(Azure) 등이 AI 인프라를 제공하고 있다.

- **AI 소프트웨어 및 플랫폼 우위** OpenAI의 ChatGPT, 구글의 DeepMind, 메타의 LLaMA 등 초거대 AI 모델을 선도하고 있다.

미국의 약점

- **AI 인재의 해외 유출** AI 연구 인력 중 상당수가 외국 출신이며, 특히 중국 연구자들이 많은 비중을 차지하고 있다.

- **강력한 AI 규제 움직임** 개인정보 보호와 AI 윤리 문제로 인해 AI 관련 규제가 강화되고 있으며, 기업들의 AI 혁신 속도를 늦출 위험이 있다.

- **중국과의 기술 패권 경쟁 심화** 미국은 중국의 AI 발전을 견제하기 위해 AI 반도체 수출 제한, AI 연구 협력 차단 등의 조치를 취하고 있지만, 이에 대한 중국의 대응도 거세지고 있다.

◆ 유럽: AI 윤리와 규제의 중심지

유럽은 AI 기술 개발 속도에서는 미국과 중국보다 뒤처지지만, AI 규제와 윤리 기준을 선도하는 역할을 하고 있다. 특히, GDPR(개인정보 보호법)과 AI 법안을 통해 AI 투명성과 신뢰성을 강조하며, 글로벌 AI 규제 방향을 결정하는 데 중요한 역할을 하고 있다.

유럽의 장점

- **AI 윤리 및 규제의 선도국** AI의 신뢰성과 책임성을 강조하며, AI 기술의 투명성, 공정성, 인권 보호 기준을 설정하고 있다.

- **로봇공학 및 제조 AI 강세** 독일, 프랑스, 영국을 중심으로 AI 기반 로봇과 자동화 기술이

발전하고 있으며, 특히 독일은 제조업 AI(Industry 4.0) 분야에서 강점을 보인다.

- **AI 연구의 역사적 기반** 영국(DeepMind, 옥스퍼드, 케임브리지), 독일(Max Planck 연구소), 프랑스(INRIA) 등 AI 연구 역사가 깊은 기관들이 존재한다.

유럽의 약점

- **빅테크 기업의 부재** 미국과 중국과 달리 글로벌 AI 플랫폼을 지배하는 대형 기술 기업이 부족하다.

- **지나치게 강한 규제** 개인정보 보호와 AI 투명성을 강조하는 규제가 AI 혁신 속도를 저해할 위험이 있다.

- **AI 투자 부족** AI 스타트업과 인프라 구축에 대한 투자가 미국·중국 대비 부족하며, AI 인재들이 미국으로 유출되고 있다.

◆ 중국: AI 굴기의 야망

중국은 AI를 국가 전략의 중심에 두고 있으며, 2030년까지 AI 분야에서 세계 1위를 차지하겠다는 목표를 설정했다. **바이두, 알리바바, 텐센트(BAT)**와 같은 기업들이 AI 연구를 주도하며, AI 기반 안면 인식, 스마트 시티, 사회 신용 시스템 등의 기술이 빠르게 발전하고 있다.

중국의 강점

- **방대한 데이터 자원** 14억 명의 인구 데이터를 활용할 수 있으며, 개인정보 보호 규제가 상대적으로 느슨해 AI 모델 훈련에 유리하다.

- **국가 주도의 AI 투자** 정부가 직접 AI 연구소, 스타트업, 대학 등에 대규모 지원을 하고 있으며, AI 기반 산업을 빠르게 육성하고 있다.

- **AI 기반 감시 기술 강세** 안면 인식 및 사회 통제 시스템에 AI를 적극적으로 활용하며, AI 기반 보안 및 공공 기술이 발전하고 있다.

중국의 약점

- **반도체 및 AI 칩 부족** 미국의 수출 규제로 인해 AI 반도체(예: 엔비디아 GPU) 확보가 어려워졌으며, 자체 반도체 개발이 지연되고 있다.

- **AI 연구의 개방성 부족** 중국 내 AI 연구가 국가 통제 하에 이루어지면서, 국제 협력이 제한적이며 글로벌 연구 네트워크에서 소외될 가능성이 있다.

- **AI 윤리 및 감시 문제** AI 기반 감시 기술이 인권 문제를 초래하면서 국제 사회에서 비판을 받고 있으며, AI 기술 수출에도 제약이 발생할 가능성이 크다.

◆ 한국: AI 기술 도약을 꿈꾸는 강소국

한국은 AI 기술 개발과 산업 적용에서 빠르게 성장하고 있으며, 특히 반도체, 5G, 로봇, 자율주행, AI 반도체 분야에서 경쟁력을 확보하고 있다. 정부는 "K-뉴딜"과 "AI 국가 전략"을 통해 AI 생태계를 강화하고 있으며, 삼성전자, 네이버, 카카오, LG AI 연구소 등이 AI 연구를 주도하고 있다.

한국의 강점

- **AI 반도체 및 하드웨어 강국** 삼성전자, SK하이닉스가 AI 연산을 위한 반도체 개발을 선도하고 있으며, 자체적인 AI 칩 기술도 발전 중이다.

- **5G 및 스마트 기술 강점** AI와 5G 기술을 결합한 스마트 팩토리, 자율주행, 헬스케어 AI 분야에서 글로벌 경쟁력을 확보하고 있다.

- **정부 주도 AI 육성 전략** AI 대학원 설립, AI 연구소 투자, AI 스타트업 지원 등 정부 차원의 적극적인 지원이 이루어지고 있다.

한국의 약점

- **AI 소프트웨어 경쟁력 부족** AI 플랫폼 및 초거대 AI 모델 개발에서 미국 · 중국 대비 뒤처져 있다.

- **AI 인재 부족** AI 연구 인력이 부족하며, 우수한 인재들이 해외로 유출되는 문제가 있다.

- **AI 스타트업 투자 부족** 미국 · 중국과 비교해 AI 스타트업에 대한 투자 규모가 상대적으로 적다.

◆ AI, 누가 승자가 될 것인가?

이들 네 플레이어는 각자의 강점을 살려 AI 기술 발전을 주도하고 있다. 미국의 기업 주도 혁신, 중국의 국가 주도 전략, 유럽의 윤리 중심 접근, 한국의 민관협력 모델은 서로 다른 발전 경로를 보여준다. 특히, 주목할 점은 이들의 경쟁이 단순한 기술 개발을 넘어 AI 생태계 전반의 표준과 규범을 선도하는 경쟁으로 확대되고 있다는 것이다. 이러한 경쟁 구도 속에서 한국은 기존의 ICT 강점을 활용하면서도, 윤리적 발전과 글로벌 협력을 추구하는 균형 잡힌 접근을 시도하고 있다.

향후 AI 기술의 발전 방향과 글로벌 표준의 형성 과정에서 이들 국가들의 경쟁과 협력은 더욱 중요해질 것으로 전망된다. 특히, 한국의 역할은 미중 기술 패권 경쟁 속에서 균형자이자 혁신자로서 더욱 주목받을 것으로 예상된다.

중국의 AI 야망: AI 굴기와 기술 패권 전략

중국이 인공지능(AI) 분야에서 글로벌 리더로 부상한 것은 단순한 우연이 아니라, 체계적인 전략과 집중적인 투자의 결과이다. 이는 정부 주도의 광범위한 이니셔티브, 대규모 자금 지원, 기술적 우위 확보에 대한 지속적인 집중이 결합된 노력의 산물이다. 중국의 이러한 AI 전략은 AI의 변혁적 가능성과 글로벌 권력 구조를 재정의할 수 있는 잠재력을 깊이 이해하는 데에서 비롯되었다.

중국에게 AI 혁신은 단순한 기술 개발을 넘어, 글로벌 강국으로 도약하기 위한 핵심 요소로 간주된다. 중국의 AI 전략은 2000년대 초반부터 시작되었지만, 2017년이 되면서 그 야망이 명확하게 드러났다. 같은 해, 중국 국무원(State council)은 '차세대 인공지능 개발 계획(New Generation Artificial Intelligence Development Plan)'을 발표하며, AI 발전을 위한 야심찬 로드맵을 제시했다.

최근 중국 AI 스타트업 '딥시크(DeepSeek)'가 개발한 AI 모델 'R1'은 미국 애플 앱스토어 다운로드 1위를 차지하며 주목받았다. 이 모델은 저비용으로 개발되었음에도 불구하고, 일부 성능 테스트에서 오픈AI의 모델을 능가하는 결과를 보였다. 이러한 성과는 미국의 반도체 수출 제한 등 제재 속에서도 중국의 AI 기술이 급성장하고 있음을 보여준다.

중국 정부는 AI 기술의 발전과 함께 규제에도 적극적으로 나서고 있다. 2023년 8월, 중국은 생성형 AI에 대한 규제를 도입하여, AI 모델이 공공에 배포되기 전에 정부의 승인을 받도록 의무화했다. 이후 40개 이상의 AI 모델이 승인을 받았으며, 이는 미국에 이어 두 번째로 많은 수치이다. 또한, 중국은 AI 분야의 국가 표준을 수립하기 위해 AI 표준화 기술위원회를 설립하여, 대형 언어 모델과 AI 위험 평가 등 여러 핵심 분야에서 표준을 개발하고 있다.

◆ 국가 전략으로서의 AI

중국의 AI에 대한 야망은 2017년 발표된 "차세대 인공지능 발전 계획"에서 공식화되었다. 이 계획은 2030년까지 세 단계에 걸쳐 중국을 세계 최고의 AI 강국으로 만들겠다는 목표를 제시했다.

- **1단계(2020년까지)** AI 핵심 기술 추격과 응용 분야 경쟁력 확보

- **2단계(2025년까지)** AI 기초이론의 주요 돌파구 마련

- **3단계(2030년까지)** AI 이론, 기술, 응용 전 분야에서 세계 선도

◆ 대규모 투자와 지원

중국의 AI 야망을 뒷받침하는 것은 막대한 규모의 투자다.

- 정부 차원의 AI 전용 펀드 조성

- 지방정부별 AI 산업단지 조성

- AI 기업에 대한 세제 혜택과 보조금 지원

- 첨단 인프라 구축을 위한 대규모 예산 배정

◆ 기술 자립 추구

미 · 중 기술 패권 경쟁이 심화되면서 중국은 AI 분야의 기술 자립을 가속화하고 있다.

- 자체 AI 칩 개발 강화

- 오픈소스 AI 프레임워크 구축

- 독자적인 AI 표준 제정 추진

- 핵심 알고리즘 연구 개발 확대

◆ 데이터 우위 확보

14억 인구를 바탕으로 한 방대한 데이터 확보는 중국의 큰 강점이다.

- 광범위한 데이터 수집 인프라 구축

- 데이터 공유 및 활용을 위한 제도적 지원

- 공공-민간 데이터 융합 활성화

- 데이터 센터 대규모 구축

◆ AI 인재 양성

중국은 체계적인 AI 인재 양성에도 공을 들이고 있다.

- AI 특성화 대학 및 연구소 설립

- 해외 우수 인재 유치 프로그램 운영

- 산학연 협력을 통한 실무형 인재 육성

- K-12 교육과정에 AI 교육 도입

🕊 인공지능(AI)이 전장이 되는 이유

AI는 단순한 기술적 혁신을 넘어, 21세기 패권 경쟁의 중심 전장(Battleground)이 되고 있다. 과거에는 컴퓨터 과학자나 소프트웨어 개발자들만이 다루던 영역으로 여겨졌지만, 이제 AI는 경제를 재편하고, 지정학적 경계를 다시 그리며, 사회 구조 자체를 변화시킬 힘을 가진 핵심 기술로 자리 잡았다. 국가와 기업들은 AI에서의 우위 확보가 더 이상 선택이 아닌 필수적인 요소라는 점을 인식하고 있으며, AI 경쟁에서 승리하는 것이 미래의 글로벌 리더십을 결정하는 핵심 요인이 되고 있다.

AI는 단순한 기술 혁신을 넘어, 경제, 안보, 군사적 패권 경쟁의 핵심 요소로 자리 잡고 있다. 과거 전쟁이 무력과 군사력 중심이었다면, 현대 전쟁에서는 데이터, 알고리즘, 초지능 AI 시스템이 승패를 결정하는 중요한 무기가 되고 있다. 특히, AI는 사이버전, 자동화된 무기 시스템, 정보전, 경제적 패권 등 다양한 영역에서 국가 간 전략적 경쟁을 심화시키고 있으며, 미·중을 비롯한 주요 강대국들은 AI를 활용한 새로운 전쟁 패러다임을 구축하고 있다.

첫째, AI는 전통적인 군사 시스템을 혁신하고 있다. 자율 드론, 무인 전투기, AI 기반 미사일 시스템 등은 인간의 개입 없이 전쟁을 수행할 수 있는 능력을 제공하며, 실시간 데이터 분석을 통해 보다 정밀한 타격이 가능해진다. 예를 들어, 미국의 프로젝트 메이븐(Project maven)은 AI를 활용한 영상 분석 기술을 통해 적의 움직임을 실시간으로 감지하고, 자동화된 표적 식별 기능을 수행하는 데 사용된다. 중국 역시 AI 기반의 무인 함대 및 전투 드론을 개발하며, AI 군사기술에서 미국과 경쟁하고 있다.

둘째, AI는 사이버전의 핵심 무기가 되고 있다. AI는 대규모 해킹 공격과 정보전 수행을 자동화하며, 적국의 네트워크를 교란하거나 주요 기반시설을 마비시키는 데 활용된다. 최근 중국과 러시아의 AI 기반 사이버 공격이 증가하고 있으며, 미국과 유럽도 이에 대응하기 위해 AI 기반 사이버 방어 시스템을 강화하고 있다. 특히, AI는 기존의 보안 시스템을 무력화하는 신기술(딥페이크, 알고리즘 조작, 자동화된 피싱 공격 등)과 결합되어 국가 안보의 핵심 위협으로 떠오르고 있다.

셋째, AI는 정보전과 여론전을 좌우하는 전략적 도구로 활용되고 있다. 소셜미디어와 뉴스 플랫폼에서 AI는 가짜 뉴스 생성, 여론 조작, 정치적 선동에 사용되며, 이를 통해 특정 국가나 집단이 국제사회에서 유리한 입지를 확보하려는 시도를 하고 있다. 러시아의 AI 기반 정보 조작 사례, 중국의 "만리방화벽(Great firewall)"을 활용한 정보 통제 전략, 미국과 유럽의 AI 검열 기술 개발 경쟁이 이를 잘 보여준다.

넷째, AI는 경제 패권을 위한 주요 무기가 되고 있다. AI를 기반으로 한 국가 간 기술 경쟁은 곧 경제적 패권 경쟁으로 이어진다. AI가 금융 시장 분석, 공급망 최적화, 무역 정책 예측 등에 활용되면서, AI 기술을 선점한 국가가 글로벌 경제를 주도할 수 있는 환경이 조성되고 있다. 특히, 미국과 중국은 AI 반도체, 클라우드 컴퓨팅, 초거대 언어 모델 개발을 두고 치열한 경쟁을 벌이고 있으며, 이에 따라 AI 기술이 곧 국가의 경제적 생존과 직결되는 시대가 도래하고 있다.

결국, AI는 전쟁의 개념을 완전히 바꾸고 있다. 과거 물리적 전쟁이 전차와 미사일로 이루어졌다면, 현대 전쟁은 AI가 주도하는 디지털 전쟁, 자동화된 무기 시스템, 정보전과 사이버전으로 전환되고 있다. 국가 간 AI 패권 경쟁이 심화되는 가운데, AI 기술을 얼마나 빠르게 발전시키고 적용할 수 있는지가 국제 질서의 핵심 변수가 되고 있으며, 이는 AI가 전장이 되는 가장 큰 이유다.

02
딥시크 모델 분석

036 딥시크(DeepSeek)란 무엇인가?

038 기술적 혁신: 딥시크의 차별화된 접근

042 딥시크와 기존 AI 모델의 차이점

044 딥시크 모델의 한계와 발전 가능성

046 딥시크가 저렴한 이유?

048 딥시크 사용하기

057 프롬프트(채팅창)에 대하여

"AI 패권 경쟁에서 새로운 플레이어가 등장하다."

AI 산업이 미국과 중국의 양강 구도로 굳어지던 가운데, 2025년 중국 AI 스타트업 "딥시크(DeepSeek)"가 공개한 딥시크 R1(DeepSeek R1) 모델은 세계 AI 시장에 새로운 파장을 일으켰다. 기존 AI 시장은 미국의 OpenAI(ChatGPT), 구글(DeepMind), 메타(LLaMA), 엔비디아(AI 반도체)와 같은 강자들이 주도하고 있었지만, 딥시크는 독자적인 초거대 언어 모델을 선보이며 AI 기술 경쟁의 지형을 바꾸고 있다.

특히, 딥시크 R1은 비용 효율성과 성능을 동시에 잡은 모델로 평가받는다. 중국의 데이터와 알고리즘 최적화를 기반으로, 기존 서구 모델과 비교해 상대적으로 적은 비용으로도 강력한 성능을 발휘하는 것이 특징이다. 실제로, 일부 벤치마크 테스트에서 OpenAI의 GPT-4와 유사하거나 일부 영역에서는 더 나은 결과를 보였으며, 이는 중국 AI 기술이 서구의 독점에서 벗어나 독자적인 영역을 구축하고 있음을 시사한다.

딥시크의 등장은 단순한 신생 AI 기업의 성공이 아니다. 이는 중국 정부의 AI 육성 정책, 자체 반도체 개발, 데이터 주권 전략이 맞물려 만들어낸 결과이며, 향후 글로벌 AI 경쟁에서 중국이 더욱 강력한 도전자로 부상할 가능성을 의미한다. 또한, AI 반도체 제재와 글로벌 기술 분업이 심화되는 상황에서, 딥시크 모델은 AI 산업에서 **"중국판 ChatGPT"**를 실현할 수 있을지에 대한 중요한 실험이 되고 있다.

이 장에서는 딥시크가 어떤 AI 모델인지, 기존 AI 모델과 어떤 차이를 가지는지, 그리고 딥시크의 기술적 한계와 발전 가능성을 분석할 것이다. AI 패권 경쟁이 새로운 국면을 맞이하는 가운데, 딥시크의 등장은 단순한 기술 혁신을 넘어, 글로벌 AI 시장의 흐름을 바꿀 수 있는 중요한 변수로 작용할 것이다.

딥시크(DeepSeek)란 무엇인가?

딥시크(DeepSeek)는 중국의 AI 스타트업이 개발한 초거대 언어 모델(LLM)로, 중국판 ChatGPT로 불리며 글로벌 AI 시장에서 주목받고 있다. 2024년 1월 공개된 **딥시크 R1(DeepSeek R1)**은 적은 비용으로 강력한 성능을 제공하는 모델로 평가받으며, 중국의 AI 기술력이 기존 서구 중심의 AI 시장을 위협할 수 있음을 보여주는 사례가 되었다. 딥시크는 자체 데이터, 독자적인 알고리즘 최적화, 중국 정부의 AI 육성 정책을 기반으로 빠르게 성장하고 있으며, 특히 AI 반도체 및 클라우드 인프라 부문에서 서구와의 기술 격차를 줄이는 데 기여하고 있다.

딥시크 R1의 가장 큰 특징은 최적화된 연산 구조와 비용 효율성이다. 기존 미국 AI 모델들은 GPU 연산을 기반으로 엄청난 전력과 비용을 소모하지만, 딥시크는 상대적으로 적은 연산 자원으로도 강력한 성능을 발휘할 수 있도록 설계되었다. 이러한 구조적 장점 덕분에 딥시크는 AI 모델을 대중적으로 확산시키는 데 유리한 위치를 차지할 수 있으며, 중국 기업들이 AI 서비스를 보다 저렴한 비용으로 활용할 수 있도록 지원하고 있다.

또한, 딥시크는 중국의 데이터와 언어 환경에 최적화된 모델로, 중국어 처리 능력에서 강점을 보인다. OpenAI의 ChatGPT가 영어 기반으로 설계된 반면, 딥시크는 중국어뿐만 아니라 다국어 지원을 강화하여 글로벌 시장을 공략하려는 전략을 펼치고 있다. 그러나, 딥시크가 서구 모델과 비교해 정확도, 창의적 응답, 복잡한 문제 해결 능력에서 얼마나 경쟁력을 가질 수 있는지는 지속적인 기술적 검증이 필요한 부분이다.

딥시크의 등장은 중국이 AI 주권을 확보하고, 미국의 AI 반도체 및 클라우드 기술 의존도를 줄이려는 전략의 일환으로 볼 수 있다. 특히, 미국이 AI 반도체 수출을 제한하면서 중국은 자체적인 AI 모델을 개발해야 하는 필요성이 커졌으며, 딥시크는 이러한 환경에서 탄생한 대표적인 AI 프로젝트이다. 앞으로 딥시크가 서구 모델들과 어떤 차별점을 보이며 성장할지, 그리고 글로벌 AI 패권 경쟁에서 어떤 역할을 하게 될지 주목할 필요가 있다.

◆ 기술적 특징

딥시크는 특히 코딩, 수학적 추론, 다국어 처리 능력에서 뛰어난 성능을 보여주며 글로벌 AI 시장의 주목을 받고 있다.

모델 구조

- 트랜스포머(Transformer) 아키텍처 기반
- 멀티모달 처리 능력 보유
- 향상된 컨텍스트 윈도우 사이즈
- 효율적인 메모리 관리 시스템

학습 데이터

- 다양한 언어의 대규모 텍스트 데이터
- 고품질의 코드 데이터셋
- 수학 및 과학 문헌
- 다국어 문화 컨텐츠

기술적 혁신: 딥시크의 차별화된 접근

딥시크(DeepSeek)가 기존 AI 모델과 차별화되는 가장 중요한 요소는 비용 효율성을 극대화하면서도 성능을 유지하는 최적화 기술에 있다. 기존 서구 AI 모델들은 대규모 GPU 연산을 필요로 하는 반면, 딥시크는 보다 적은 연산 자원으로 높은 성능을 구현할 수 있도록 설계되었다. 이는 중국이 AI 반도체 공급망에서 겪고 있는 어려움을 극복하기 위한 전략적 선택이자, AI 모델을 보다 널리 보급하기 위한 핵심 요소다.

딥시크의 가장 매력적인 특징 중 하나는 **적응형 학습 시스템(Adaptive learning system)**이다. 기존 AI 모델들은 대량의 데이터를 단순히 학습하는 방식이지만, 딥시크는 데이터 필터링과 정제 과정에서 독자적인 알고리즘을 적용하여 불필요한 노이즈를 제거하고, 보다 정밀한 학습이 가능하도록 만들었다. 특히, 딥시크는 알고리즘, 데이터 최적화, 계산 효율성(Computational efficiency) 분야에서의 혁신을 기반으로 이루어졌으며, 다국어 처리(Multilingual processing)와 문제 해결 능력(Problem-Solving abilities)의 매끄러운 통합은 딥시크가 AI 분야에서 새로운 표준을 수립하는 모델로 자리 잡는 데 중요한 역할을 했다.

또한, 딥시크는 압축 및 경량화된 모델 구조를 채택하여, 상대적으로 적은 메모리와 연산량으로도 안정적인 성능을 유지할 수 있도록 설계되었다. 이는 중국의 AI 인프라 환경을 고려한 최적화 전략으로, 클라우드 기반 AI 서비스뿐만 아니라, 온디바이스(On-Device) AI 모델로 활용될 가능성을 높이고 있다. 예를 들어, 스마트폰, IoT 기기, 엣지 컴퓨팅 환경에서 AI를 더욱 효율적으로 사용할 수 있도록 하여, AI 기술의 대중화를 가속화할 것으로 기대된다.

또한, 자체 AI 반도체와의 최적화 연구도 진행 중이다. 미국의 AI 칩 수출 규제로 인해 중국은 자체적인 AI 반도체 개발이 필수적이며, 딥시크는 화웨이, 알리바바, 바이두 등과 협력하여 중국산 AI 칩과 최적화된 AI 모델을 개발하는 방향으로 진화하고 있다. 이를 통해 엔비디아(NVIDIA) GPU 의존도를 낮추고, 독립적인 AI 연산 환경을 구축하려는 것이 딥시크의 장기적인 목표다.

결국, 딥시크의 기술적 혁신은 연산 최적화, 데이터 정제, 모델 경량화, 반도체 독립성이라는 네 가지 요소를 중심으로 진행되고 있으며, 이러한 접근 방식이 서구의 AI 모델과 어떻게 차별화될 수 있을지, 향후 AI 경쟁의 중요한 변수로 작용할 것이다.

◆ 알고리즘 혁신

딥시크의 가장 주목할 만한 특징 중 하나는 혁신적인 알고리즘이다. 기존 AI 모델들이 전통적인 트랜스포머(Transformer) 아키텍처에 의존하는 반면, 딥시크는 이를 더욱 발전시켜 정확성과 효율성을 극대화했다.

- 딥시크는 고급 어텐션(Attention) 메커니즘을 적용하여 방대한 데이터를 효율적으로 선별하고, 가장 관련성이 높은 정보를 정밀하게 분석할 수 있다.

- 강화된 어텐션 메커니즘은 모델의 속도를 향상시킬 뿐만 아니라, 문맥적으로 풍부하고 신뢰할 수 있는 응답을 생성할 수 있도록 정확도를 극대화한다.

◆ 데이터 최적화

딥시크는 지금까지 구축된 AI 모델 중 가장 다양한 데이터셋을 활용하여 학습되었다.

- 전통적인 텍스트 데이터뿐만 아니라, 오디오, 이미지, 실제 환경(Real-World input) 데이터를 포함하여, 다양한 형태의 데이터를 종합적으로 분석할 수 있는 능력을 보유하고 있다.

- 딥시크의 데이터 처리 방식은 단순한 계산 능력에 의존하지 않고, 고급 압축 알고리즘(Compression algorithms)을 적용하여 데이터를 효율적으로 처리할 수 있도록 설계되었다.

- 기술을 통해, 계산 부담(Computational overhead)을 줄이면서도 데이터의 풍부함과 복잡성을 유지하는 것이 가능해졌다.

- 딥시크는 강력하면서도 자원 효율적인 AI 모델로 자리 잡으며, 기존 대규모 AI 모델이 직면했던 데이터 관리의 병목 현상을 해결하고 있다.

◆ 계산 효율성과 지속 가능성

AI 연구 커뮤니티에서 지속적으로 제기되는 문제 중 하나는 **대규모 AI 모델의 환경적 영향(Environmental impact)**이다.

- 딥시크 개발자들은 지속 가능성을 고려하여, 에너지 소비를 최소화하면서도 최적의 출력을 제공할 수 있도록 모델을 설계했다.

- 가능하게 한 핵심 기술 중 하나는 분산 컴퓨팅(Distributed computing)의 혁신적 활용이다.

- 딥시크는 분산된 컴퓨팅 리소스를 효율적으로 사용하여, 에너지 소비를 줄이면서도 높은 성능을 유지할 수 있도록 설계되었다.

◆ 다국어(Multilingual) 처리 역량

딥시크의 가장 차별화된 특징 중 하나는 다국어 처리 능력이다.

- 기존 AI 모델들은 주로 영어와 같은 주요 언어에서 강점을 보이는 반면, 딥시크는 훨씬 더 폭넓은 언어 환경에서 학습하고 생성할 수 있도록 설계되었다.

- 지역 방언(Regional dialects)과 소수 민족 언어(Minority tongues)까지 포함하여, 주류 AI 개발에서 종종 간과되는 언어들까지 지원하는 것이 특징이다.

- 단순한 기술적 성과를 넘어, 딥시크가 글로벌 AI 모델로서 다양한 인구를 포용하고, 언어 장벽을 해소하는 데 기여하는 비전을 반영하고 있다.

◆ 언어 간 지식 전이(knowledge transfer) 및 활용

딥시크는 고급 언어 비종속적(Language-Agnostic) 프레임워크를 기반으로, 서로 다른 언어 간의 패턴과 관계를 인식할 수 있는 능력을 보유하고 있다.

- 기존 AI 모델들은 각 언어별로 개별적인 훈련이 필요한 경우가 많지만, 딥시크는 학습한 지식을 여러 언어에 원활하게 적용할 수 있도록 설계되었다.

- 독일어로 표현된 복잡한 과학 개념을 학습한 후, 이를 중국어로 정확하게 설명하면서도 의미와 문맥을 유지할 수 있는 능력을 갖추고 있다. 이러한 능력은 국제 비즈니스, 교육, 외교(Diplomacy) 등 다양한 분야에서 매우 가치 있는 기능으로 작용한다.

◆ 복잡한 문제 해결 능력

딥시크는 기존 AI 모델과 차별화된 고유한 문제 해결(Problem-Solving) 능력을 보유하고 있다.

- 기존 AI는 명확한 규칙이 있는 구조화된 문제(예: 게임 플레이, 공급망 최적화 등)에서는 강점을 보이지만, 비구조적이고 모호한 문제에서는 한계를 보인다.

- 딥시크는 창의성과 적응력이 필요한 문제를 해결할 수 있도록 설계되었으며, "하이브리드 추론 시스템"을 통해, 직관적 패턴 인식을 결합하여, 불완전한 데이터셋을 분석하고, 누락된 정보를 추론하며, 실용적이고 혁신적인 솔루션을 제안할 수 있도록 한다.

딥시크와 기존 AI 모델의 차이점

딥시크는 고효율적인 연산 구조, 강력한 다국어 지원, 언어 간 지식 전이, 그리고 복잡한 문제 해결 능력을 결합하여 기존 AI 모델의 한계를 극복하고 있다. 딥시크는 중국의 방대한 데이터 리소스를 적극적으로 활용하여, AI 모델로서는 유례없는 수준의 데이터 학습을 가능하게 했다. 대규모 데이터셋을 기반으로 한 학습 덕분에, 딥시크는 단순한 정보 제공을 넘어 심층적인 이해와 통찰력을 제공할 수 있는 모델로 자리 잡았다. 또한, 기존 A편향성을 줄이고, 허위 정보를 차단하는 기능을 강화했다. 딥시크 AI 모델은 기존의 AI 모델과 다음과 같이 여러 측면에서 차별화된다.

◆ 비용 효율성 및 자원 활용

딥시크의 AI 모델은 개발 비용이 약 600만 달러로, 이는 OpenAI의 GPT-4 훈련 비용인 약 7,840만 달러의 10분의 1 수준이다. 이러한 비용 절감은 엔비디아 H800 GPU 2,048개를 활용한 효율적인 훈련 방식을 통해 가능해졌다. 이러한 접근법은 AI 모델 개발의 접근성을 높이고, 중소기업이나 신생 스타트업들도 AI 기술을 활용할 수 있는 기회를 제공한다.

◆ 모델 아키텍처 및 학습 방식

딥시크는 '혼합 전문가(Mixture-of-Experts, MoE)' 아키텍처를 채택하여, 모델의 특정 부분만 활성화시켜 연산 효율성을 높였다. 또한, AI 스스로 보상 시스템을 구축하는 강화학습(RL, Reinforcement Learning)을 적용하여, 인간의 평가 없이도 학습 목표를 최적화한다. 이러한 접근은 AI의 자율성을 강화하고, 인간의 편향을 최소화하는 데 기여한다.

◆ 오픈소스 접근

딥시크는 AI 모델을 오픈소스로 공개하여, 개발자들이 자유롭게 수정하고 활용할 수 있도록 했다. 이러한 개방성은 기술 발전을 가속화하고, AI 생태계의 다양성을 촉진한다. 반면, OpenAI의 GPT-4는 독점적인 접근 방식을 취하고 있어, 접근성과 투명성에서 차이가 있다.

◆ 성능 및 기능

딥시크의 AI 모델은 수학적 추론, 정보 처리, 문제 해결 능력에서 기존 대규모 AI 모델들과 경쟁할 수 있는 수준을 보여준다. 예를 들어, 수학적 추론 능력 테스트에서 GPT-4와 유사한 성능을 보였으며, 정보 처리 및 코딩 능력에서도 우수한 결과를 나타냈다. 그러나 현재 이미지 생성 기능은 제한적이며, 일부 주제에 대한 응답이 제한될 수 있다.

◆ 데이터 관리 및 학습 효율성

딥시크는 데이터 압축 및 최적화를 통해 데이터 처리 비용을 줄이고, GPU 사용량을 효율적으로 관리한다. 이를 통해 에너지 소비를 최소화하면서도 기존 AI 모델과 동일한 성능을 발휘하여 지속 가능한 AI 기술의 가능성을 열었다.

이러한 차이점들은 딥시크가 AI 기술의 민주화와 효율성 향상에 기여하고 있음을 보여준다. 그러나 데이터 프라이버시 및 보안에 대한 우려도 제기되고 있어, 이러한 부분에 대한 지속적인 검토와 개선이 필요하다.

딥시크 모델의 한계와 발전 가능성

딥시크(DeepSeek)는 AI 시장에서 새로운 강자로 떠오르고 있지만, 다음과 같이 해결해야 할 한계점이 존재한다.

첫째, 연산 자원의 한계가 있다. 딥시크는 상대적으로 적은 비용으로 고성능을 발휘하는 것이 강점이지만, 이는 모델의 크기와 확장성에서 제약이 될 수 있다. GPT-4나 구글의 Gemini 모델이 대규모 데이터와 연산력을 바탕으로 복잡한 문제 해결 능력을 갖춘 반면, 딥시크는 GPU 자원이 제한된 환경에서 최적화되었기 때문에 극한의 연산이 필요한 AI 응용에는 불리할 수 있다. 향후 자체 AI 반도체 개발이 뒷받침되지 않는다면, 고성능 AI 모델과의 격차가 벌어질 가능성이 높다.

둘째, 데이터 품질과 다양성의 문제가 있다. 중국 내 AI 모델들은 자체적인 데이터셋을 기반으로 학습하지만, 이는 글로벌 데이터를 활용하는 서구 모델들에 비해 상대적으로 제한적인 환경에서 작동하게 된다. 특히, 정치적 검열과 언어적 편향이 포함될 가능성이 높아, 서구 시장에서의 활용성에는 제약이 따를 수 있다. 향후 다국어 지원을 확장하고, 글로벌 데이터 접근성을 높이는 것이 딥시크의 경쟁력을 높이는 핵심 과제가 될 것이다.

셋째, 창의적 응답과 복잡한 추론 능력의 부족이 있다. GPT-4와 같은 모델은 논리적 사고뿐만 아니라 창의적 글쓰기, 코드 생성, 심층적인 분석을 수행할 수 있지만, 딥시크는 현재까지 수학적 문제 해결과 기초적인 정보 분석에서는 우수한 성능을 보이지만, 복잡한 개념적 논의나 창의적 응답에서는 다소 한계를 보인다. 향후, 강화학습과 인간 피드백을 통한 모델 개선이 필수적이며, 딥시크가 단순한 정보 제공형 AI를 넘어 창조적 사고를 수행하는 모델로 발전해야 한다.

넷째, AI 반도체와 인프라의 의존성 문제가 있다. 현재 중국은 미국의 AI 반도체 수출 제한으로 인해 엔비디아의 고성능 GPU를 충분히 확보하기 어려운 상황이며, 자체적인 AI 반도체 개발도 아직 완전한 수준에 도달하지 못했다. 딥시크가 장기적으로 서구 AI 모델과 경쟁하려면, 자체 AI 반도체 개발을 성공적으로 추진해야 하며, 대규모 클라우드 인프라와의 연계도 필수적이다.

그러나 이러한 한계를 극복할 경우, 딥시크는 향후 AI 시장에서 강력한 도전자가 될 가능성이 크다. 비용 효율성과 경량화된 AI 모델 개발 전략은 AI의 대중화를 촉진할 수 있으며, 서구 모델들이 상대적으로 높은 비용과 연산 자원 의존성을 가지고 있는 것과 대비된다.

또한, 중국 정부의 전폭적인 지원과 AI 연구 기관과의 협력을 통해, 딥시크는 빠른 속도로 기술적 한계를 극복할 가능성이 크다. 향후 AI 반도체 자립, 데이터 품질 향상, 글로벌 시장 확장을 달성한다면, 딥시크는 미국 중심의 AI 시장을 재편할 중요한 변수가 될 것이다.

❦ 딥시크가 저렴한 이유?

딥시크는 챗GPT 대비 개발 비용이 낮으면서도 유사한 성능을 제공하는 '고효율 AI' 모델을 출시했다. 이러한 비용 절감의 핵심 요소는 AI 학습 과정에서의 최적화된 연산 구조와 효율적인 모델 아키텍처 설계에 있다. 다만, 과학기술계는 딥시크가 공개한 오픈소스를 기반으로 실제 기술력을 검증하는 과정이 필요하다며 신중한 접근을 강조하고 있다.

◆ MoE(Mixture-of-Experts) 아키텍처의 활용

딥시크가 최근 공개한 AI 모델 'R1'의 개발 비용 절감에는 'MoE(Mixture-of-Experts)' 아키텍처가 중요한 역할을 수행한 것으로 분석된다.

- MoE(전문가 혼합 모델)는 특정 작업에 특화된 여러 개의 LLM(거대 언어 모델: Large Language Model)을 결합한 구조이다.

- 모델이 수행하는 작업의 종류에 따라 필요한 LLM만 활성화하여 연산 자원을 최적화하는 방식이다. 이는 마치 여러 전문가가 각자의 전문 분야에서만 작업을 수행하는 방식과 유사하다.

딥시크가 공개한 기술 보고서에 따르면, 딥시크-R1은 6,710억 개의 파라미터(매개변수)를 보유하고 있지만, 실제 작업 수행 시에는 이 중 340억 개의 파라미터만 활성화되도록 설계되었다.

- 기존 AI 모델들은 모든 매개변수를 동시에 사용하기 때문에 연산량과 메모리 사용량이 증가한다.

- 딥시크-R1은 선택적으로 일부 파라미터만 활성화함으로써 메모리 사용량을 기존 대비 90%까지 절감한 것으로 알려졌다.

이러한 MoE 기반 최적화 전략은 이미 딥시크가 2023년 말 발표한 '딥시크-V3'에서 처음 도입되었으며, 이번 R1 모델에서도 동일한 방식이 적용된 것으로 보인다. 안성수 KAIST AI 대학원 교수는 "작업마다 특화된 소규모 전용 LLM을 활성화함으로써 학습 비용을 절감하는 것이 MoE의 핵심 장점"이라며, "딥시크가 최신 연구 성과를 빠르게 적용하여 실제 성능을 끌어올린 사례"라고 평가했다.

지도 학습(Supervised fine-Tuning) 최소화 및 강화 학습(Reinforcement learning) 최적화
딥시크는 비용 절감을 위해 전통적인 지도 학습(Supervised fine-Tuning)의 비중을 줄이고, 강화 학습(Reinforcement learning)을 적극적으로 활용하는 방식으로 AI 성능을 최적화했다.

- 지도 학습은 AI 모델이 특정 작업을 수행할 수 있도록 정답 데이터를 기반으로 추가 학습하는 과정을 의미한다.

- 강화 학습은 AI가 스스로 최적의 답을 찾도록 학습하는 과정으로, AI가 추론을 통해 정답을 도출할 수 있는 능력을 강화하는 방식이다.

딥시크는 강화 학습을 기반으로 한 '정확도 보상(Accuracy rewards)' 시스템을 적용하여, AI가 추론을 통해 정답을 도출했을 때 보상을 부여하는 방식을 도입함으로써 최소한의 학습 비용으로도 AI 성능을 유지할 수 있도록 설계했다. 이는 학습에 필요한 데이터와 연산량을 대폭 줄이면서도, AI 모델이 스스로 문제를 해결하는 능력을 강화하는 효과를 가져온다. 다만, 이러한 접근 방식에 대해 학계와 산업계에서는 추가적인 검증이 필요하다는 신중한 입장을 보이고 있다.

🐋 딥시크 사용하기

딥시크(DeepSeek)는 혁신적인 인공지능(AI) 플랫폼으로, 웹사이트와 스마트폰 애플리케이션을 통해 쉽게 접근할 수 있다. 다음의 설명을 통해 회원가입부터 기본 사용법까지 익힐 수 있다.

◆ PC에서 사용법: 웹사이트를 통한 사용법

1. 회원가입

- **공식 웹사이트 접속** 딥시크 공식 웹사이트(www.deepseek.com)에 접속한다.

- **회원가입 시작** 홈페이지에서 'Start Now' 또는 'Sign Up' 버튼을 찾아 클릭한다.

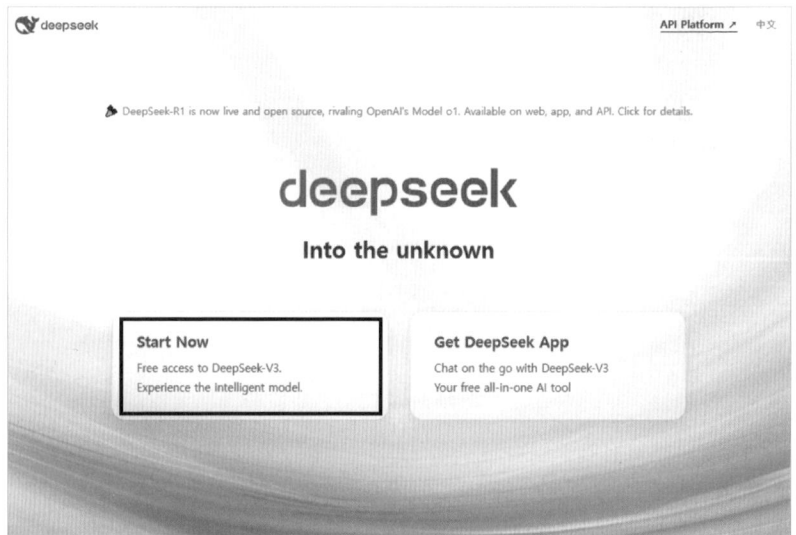

- **정보 입력** 이메일 주소와 비밀번호를 입력하거나, 구글, 페이스북 등의 소셜 미디어 계정을 통해 간편하게 가입할 수 있다. 구글 계정으로 쉽게 가입해 본다. 참고로 이용자가 폭주할 경우, 구글 계정으로 한 번에 가입되지 않을 수도 있기 때문에 여러 번 시도한다.

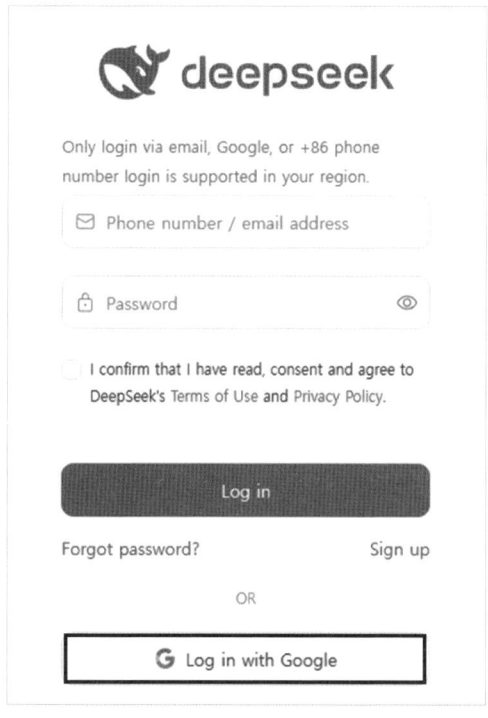

- **이메일 인증** 이메일로 회원가입 시 입력한 이메일로 전송된 인증 메일을 확인하고, 제공된 링크를 클릭하여 계정을 활성화해야 한다.

2. 기본 사용법

- **로그인** 회원가입 후 로그인 상태를 유지한다.

- **AI와 대화 시작** 대화 창 하단의 입력란에 질문이나 요청을 입력하고 'Enter' 키를 누른다.

AI가 일반적인 정보를 제공하는 방식을 확인하고, 기본적인 대화 흐름을 익히기 위해, 먼저 다음 예시를 참고하여 가벼운 질문을 던져본다.

예시 질문: 가벼운 질문

"딥시크, 너는 어떤 일을 할 수 있어?"

"오늘의 날씨는 어때?"

"영화 추천해 줘."

"재미있는 역사적 사실 하나 알려줘."

"딥시크에서 이미지 분석도 할 수 있어?"

"딥시크는 영어 외에 어떤 언어를 지원해?"

위 예시에서 "재미있는 역사적 사실 하나 알려줘."라고, 질문을 한 결과 다음과 같은

답변을 얻을 수 있었다.

> 재미있는 역사적 사실 중 하나는 **고대 로마인들이 개인 위생에 대해 매우 독특한 방식을 가지고 있었다**는 점입니다. 로마인들은 공중 목욕탕을 자주 이용했는데, 이 목욕탕은 단순히 몸을 씻는 곳이 아니라 사회적, 정치적 교류의 장소로도 사용되었습니다. 하지만 더 흥미로운 점은 로마인들이 **소변을 이용해 옷을 세탁**했다는 사실입니다!
>
> 로마인들은 소변에 포함된 암모니아가 얼룩을 제거하고 옷을 깨끗하게 하는 데 효과적이라는 것을 발견했습니다. 그래서 도시 곳곳에 소변을 모아두는 큰 항아리를 설치했고, 세탁소에서는 이 소변을 사용해 옷을 세척했습니다. 심지어 로마 정부는 소변 거래에 세금까지 매겼다고 합니다. 이 독특한 방법은 중세 시대까지도 유럽에서 사용되었다고 하니, 역사 속에서 인간의 창의력은 정말 무궁무진하다는 것을 알 수 있죠! 😊

이번엔, AI가 보다 심층적인 정보를 제공하는지 확인하고, 웹 검색이나 데이터 분석 기능을 활용하기 위해 중급 질문을 던져본다.

예시 질문: 중급 질문

"**챗GPT와 딥시크의 차이점을 설명해 줘.**"

"**최근 발표된 AI 연구 논문을 요약해 줘.**"

"**주식 시장에서 AI가 어떻게 활용되는지 설명해 줘.**"

"**딥러닝과 머신러닝의 차이점은?**"

"**소크라테스의 철학적 사상을 현대적으로 적용하면 어떻게 해석할 수 있을까?**"

"**기후 변화가 경제에 미치는 영향에 대한 최신 연구를 찾아줘.**"

딥시크 사용하기

예시에서 "주식 시장에서 AI가 어떻게 활용되는지 설명해 줘."라고, 질문을 한 결과 다음과 같은 답변을 얻을 수 있었다.

주식 시장에서 AI(인공지능)는 다양한 방식으로 활용되며, 투자 결정부터 리스크 관리까지 광범위한 영역에서 혁신을 이루고 있습니다. 아래는 AI가 주식 시장에서 어떻게 활용되는지에 대한 주요 사례와 설명입니다.

1. 알고리즘 트레이딩 (Algorithmic Trading)

- **고속 데이터 분석**: AI는 실시간으로 시장 데이터를 분석해 초고속으로 매매 결정을 내립니다. 이는 인간이 처리할 수 없는 속도로 대량의 데이터를 처리하여 수익 기회를 포착합니다.
- **패턴 인식**: AI는 과거 시장 데이터를 학습해 특정 패턴(예: 가격 상승 또는 하락 신호)을 식별하고, 이를 바탕으로 매매 전략을 자동으로 실행합니다.
- **고빈도 트레이딩(HFT)**: AI는 초단타 매매를 통해 아주 짧은 시간 동안 발생하는 작은 가격 변동을 이용해 수익을 창출합니다.

2. 예측 분석 (Predictive Analytics)

- **가격 예측**: AI는 머신러닝 모델을 사용해 주가의 미래 움직임을 예측합니다. 이를 위해 경제 지표, 뉴스, 소셜 미디어 감정 분석 등 다양한 데이터를 활용합니다.
- **이벤트 기반 예측**: AI는 기업의 실적 발표, 정부 정책 변경, 글로벌 이벤트 등이 주식 시장에 미칠 영향을 분석해 투자자에게 신속한 정보를 제공합니다.

3. 감정 분석 (Sentiment Analysis)

- **뉴스 및 소셜 미디어 분석**: AI는 뉴스 기사, 트위터, 페이스북 등의 소셜 미디어 데이터를 분석해 시장 참여자들의 감정(낙관적 또는 비관적)을 파악합니다.
- **투자 심리 예측**: 시장 참여자들의 감정을 바탕으로 주가의 단기적 움직임을 예측하고, 이를 투자 전략에 반영합니다.

4. 포트폴리오 관리 (Portfolio Management)

- **로보어드바이저**: AI 기반 로보어드바이저는 투자자의 위험 성향과 목표를 분석해 최적의 포트폴리오를 자동으로 구성하고 관리합니다.
- **리스크 관리**: AI는 포트폴리오의 리스크를 실시간으로 모니터링하고, 위험을 최소화하기 위해 자산 배분을 조정합니다.

5. 이상 탐지 (Anomaly Detection)

- **비정상적 거래 탐지**: AI는 시장에서 비정상적인 거래 패턴을 탐지해 내부자 거래, 시장 조작 등의 불법 활동을 감시합니다.
- **리스크 경고**: AI는 시장의 갑작스러운 변동성을 감지해 투자자에게 조기 경고를 제공합니다.

- 생략 -

딥시크 대화창(프롬프트)에서 제공되는 세 가지 기능을 활용하면, 고급 추론, 웹 사이트 검색, 첨부 파일(이미지, PDF, 엑셀 등)을 가져와 해당 파일의 내용을 분석하거나 참조할 수 있다.

- **DeepThink(R1)** 고급 추론 모델이 활성화되어 복잡한 질문에 대한 심도 있는 답변을 받을 수 있다.

- **Search** 옵션을 선택하면 웹 검색을 통해 최신 정보를 포함한 답변을 제공한다.

- **파일 첨부(클립 모양)** 이미지, PDF, 엑셀 파일 등을 업로드하여 AI와 함께 분석하거나 내용을 참조할 수 있다.

마지막으로, AI의 논리적 사고력과 문제 해결 능력을 평가하고, 창의적인 답변을 유도 위해 고급 질문을 던져본다.

예시 질문: 고급 질문

"딥시크를 사용해 개인 맞춤형 학습 시스템을 개발하려면 어떤 기술이 필요할까?"

"양자 컴퓨팅이 현재 AI 모델에 미칠 수 있는 영향은 무엇일까?"

"자동차 산업에서 AI를 활용한 공급망 최적화 전략을 제안해 줘."

"미래 10년 동안 AI가 노동 시장에 미칠 영향을 예측하고, 이에 대한 해결책을 제안해 줘."

"딥시크를 활용한 법률 문서 자동 분석 시스템을 구축하려면 어떤 기술 스택이 필요할까?"

"GPT 모델의 Transformer 구조를 최적화하여 성능을 높이는 방법은?"

예시에서 "미래 10년 동안 AI가 노동 시장에 미칠 영향을 예측하고, 이에 대한 해결책을 제안해 줘."라고, 질문을 한 결과 다음과 같은 답변을 얻을 수 있었다.

> 미래 10년 동안 AI가 노동 시장에 미칠 영향은 매우 클 것으로 예상됩니다. AI 기술의 발전은 생산성을 극대화하고 새로운 산업을 창출하는 동시에, 기존의 일자리 구조를 크게 변화시킬 가능성이 높습니다. 아래는 AI가 노동 시장에 미칠 주요 영향과 이에 대한 해결책을 제안한 내용입니다.
>
> **AI가 노동 시장에 미칠 영향**
>
> 1. **일자리의 자동화:**
>   - 반복적이고 규칙적인 업무(예: 제조업, 데이터 입력, 고객 서비스 등)는 AI와 로봇으로 대체될 가능성이 높습니다.
>   - 전문직(예: 의사, 변호사, 회계사)에서도 AI 도구가 보조 역할을 하며, 일부 업무는 자동화될 수 있습니다.
> 2. **새로운 직업의 등장:**
>   - AI 기술을 개발, 관리, 감독하는 새로운 직업이 생길 것입니다.
>   - 데이터 과학자, AI 윤리 전문가, AI 교육 전문가 등이 대표적인 예입니다.
> 3. **기술 격차의 심화:**
>   - 고급 기술을 보유한 근로자와 그렇지 못한 근로자 간의 소득 격차가 더 벌어질 수 있습니다.
>   - 저숙련 노동자나 전통 산업 종사자들은 실직 위기에 직면할 가능성이 큽니다.
> 4. **근무 형태의 변화:**
>   - AI와 협업하는 형태의 업무가 증가하며, 원격 근무와 유연근무제가 더욱 확산될 것입니다.
>
> **해결책 제안**
>
> 1. **교육 및 재교육 프로그램 강화:**
>   - 정부와 기업이 협력하여 AI 시대에 필요한 기술(예: 데이터 분석, 프로그래밍, AI 관리)을 교육하는 프로그램을 확대해야 합니다.
>   - 평생학습 시스템을 도입하여 근로자들이 지속적으로 새로운 기술을 습득할 수 있도록 지원해야 합니다.
>
> – 생략 –

설명한 것처럼 딥시크를 통해 질문을 해보았다면, 질문 수준에 따라 AI의 응답 방식과 활용 범위를 다르게 경험할 수 있었을 것이다. 이처럼 질문 수준에 따라 딥시크의 역할과 활용 방식이 달라지며, 사용자는 단순한 정보 검색 도구에서 벗어나, AI를 협력적 문제 해결 파트너로 활용하는 방향으로 확장할 수 있다. 딥시크를 효과적으로

사용하려면 질문을 점진적으로 발전시키며, AI의 강점을 최대한 활용할 수 있는 방식으로 접근하는 것이 중요하다.

◆ 기본 질문

기본 질문에 딥시크는 일반적인 정보 제공과 단순한 사실 전달에 초점을 맞춘 답변을 제공한다. 이러한 단계에서는 AI가 어떤 방식으로 정보를 구성하는지 확인하고, 기본적인 대화 흐름을 익힐 수 있다. 예를 들어, 날씨 정보, 유명한 역사적 사건, 영화 추천과 같은 질문에 대한 답변을 통해 딥시크의 기초적인 응답 방식과 언어 처리 능력을 테스트할 수 있다.

◆ 중급 질문

중급 질문을 하면, 딥시크는 웹 검색을 활용하거나, 데이터 분석을 수행하여 보다 심층적인 정보를 제공한다. 이 단계에서는 실제 연구 자료를 요약하거나, 기술적 개념을 정리하고 비교하는 등 정보 탐색 및 정리 기능을 활용할 수 있다. 또한, AI가 단순한 사실 전달을 넘어, 특정 주제에 대한 논리적 분석을 수행하는 모습을 볼 수 있다.

◆ 고급 질문

고급 질문을 하면, 딥시크는 논리적 추론과 창의적인 문제 해결 능력을 발휘하며, 사용자의 의도를 파악하고 종합적인 분석을 수행한다. 예를 들어, 미래 기술의 발전 방향을 예측하거나, 산업별 AI 활용 전략을 제안하는 등의 복잡한 문제에 대해 AI의 심층적인 사고력과 고급 데이터 분석 기능을 활용할 수 있다. 특히, AI 모델의 아키텍처 최적화, 비즈니스 전략 수립, 과학적 연구 모델링과 같은 고차원적인 질문을 다룰 때 딥시크의 진정한 잠재력을 경험할 수 있다.

◆ 스마트폰 애플리케이션을 통한 사용법

1. 앱 스토어 접속

- **안드로이드 사용자** 구글 플레이 스토어를 이용한다.

- **iOS 사용자** 애플 앱 스토어를 이용한다.

2. 검색 및 설치

- 스토어의 검색창에 'DeepSeek' 또는 '딥시크'를 입력하고 검색한다.

- 딥시크가 검색되면, '설치' 버튼을 눌러 다운로드하고 설치한다.

3. 회원가입 및 로그인

- PC 버전과 동일한 방법으로 구글 계정으로 쉽게 회원가입 및 로그인한다.

🐦 프롬프트(채팅창)에 대하여

프롬프트(Prompt)는 사용자가 AI와 대화할 때 입력하는 질문이나 명령어를 의미하며, AI의 응답 품질을 결정하는 중요한 요소이다. 딥시크와 같은 AI 모델을 효과적으로 활용하려면 프롬프트를 어떻게 구성하느냐에 따라 AI가 제공하는 정보의 깊이와 정확성이 달라질 수 있다.

◆ 프롬프트의 역할

프롬프트는 단순한 질문을 넘어, AI의 사고 방식을 유도하고, 논리적 추론을 활성화하며, 보다 정교한 응답을 도출하는 도구이다.

- 명확한 프롬프트를 사용하면 AI가 정확한 정보를 제공할 가능성이 높아진다.
- 불분명하거나 모호한 프롬프트는 AI가 적절한 답을 생성하는 데 어려움을 겪게 만들 수 있다.

◆ 효과적인 프롬프트 작성법

프롬프트를 효과적으로 작성하려면 질문을 구체적이고 명확하게 구성하는 것이 중요하다.

☑ 좋은 프롬프트 예시

✖ AI란? → 너무 일반적인 질문
☑ AI의 역사와 현재 발전 상황을 요약해 줘.

- ✖ 전기차와 내연기관차 차이점? → 모호한 질문
- ☑ 전기차와 내연기관차의 경제성, 유지보수 비용, 환경 영향 측면에서 차이를 분석해 줘.

◆ 프롬프트 유형별 활용법

프롬프트는 단순한 질의응답을 넘어, 다양한 방식으로 활용할 수 있으며, 전략적으로 설계하는 것이 필수적이다. 질문을 어떻게 구성하느냐에 따라 AI의 응답 품질이 크게 달라지므로, AI의 잠재력을 최대한 끌어낼 수 있도록 해야 한다.

- 정보 탐색형 → 2025년 AI 기술 트렌드를 정리해 줘.
- 분석 및 비교형 → GPT-4와 딥시크 R1의 성능 차이를 정리해 줘.
- 창의적 문제 해결형 → AI를 활용한 미래 교육 시스템을 기획해 봐.
- 코딩 및 기술 지원형 → 파이썬으로 웹 스크래핑을 할 때 BeautifulSoup과 Selenium의 차이점을 설명해 줘.
- 데이터 처리 및 최적화형 → 이 데이터셋에서 이상치를 탐지하는 최적의 방법을 추천해 줘.

정보 탐색형

- 최근 5년간 AI 연구 논문에서 가장 많이 언급된 기술 트렌드를 정리해 줘.
- 현재 가장 효율적인 자연어 처리(NLP) 모델은 무엇이며, 그 특징을 설명해 줘.

비교 및 분석형

- 딥러닝과 머신러닝의 차이를 기술적 관점에서 비교해 줘.
- 2025년 전기차 시장에서 테슬라와 BYD의 전략 차이를 분석해 줘.

문제 해결형

- AI를 활용하여 도시 교통 체증을 줄이는 혁신적인 솔루션을 제안해 줘.
- 스타트업이 AI를 활용해 마케팅 자동화를 구현하는 방법을 설명해 줘.

코딩 및 기술 지원형

- 파이썬에서 대용량 데이터를 빠르게 처리하는 최적화 기법을 소개해 줘.
- TensorFlow와 PyTorch의 주요 차이점을 코드 예시와 함께 설명해 줘.

창의적 사고형

- AI가 미래 인간과 협업하는 방식에 대한 SF 소설의 한 장면을 써 줘.
- 2050년 미래 도시를 AI가 어떻게 변화시킬지 상상해서 시나리오를 작성해 줘.

전문가 수준 질문

- 강화 학습에서 Q러닝과 정책 기반 학습의 차이를 구체적인 수식과 함께 설명해 줘.
- 생성형 AI의 윤리적 문제를 해결하기 위한 구체적인 정책 제안을 만들어 줘.

◆ 프롬프트 최적화 팁

- **명확한 키워드 포함** 질문이 모호하지 않도록 구체적인 키워드를 포함한다.

- **맥락 제공** AI가 정확한 답변을 하기 위해 필요한 배경 정보를 포함한다.

- **단계별 지시** 복잡한 질문은 단계별로 명확하게 지시한다. 형식 지정: "간략하게 요약해 줘." 또는 "논문 스타일로 설명해 줘."와 같은 추가 지시를 포함한다.

03
산업 전반에서의 딥시크 응용

062   의료 분야의 혁신

065   교육 분야의 혁신

069   스마트 시티 및 도시 계획

071   국가 안보 및 국방

072   글로벌 금융 및 경제 분석

074   기업 경영 및 자동화

"AI가 산업 혁신을 주도하는 시대, 딥시크는 그 변화의 중심에 있다."

AI 기술은 이제 연구실을 넘어 현실 산업의 핵심 엔진으로 자리 잡고 있다. 기업들은 AI를 활용해 생산성을 높이고, 비용을 절감하며, 혁신적인 서비스를 창출하고 있다. 특히, 딥시크(DeepSeek) 모델은 비용 효율성을 극대화하면서도 강력한 성능을 발휘하는 AI로 주목받고 있으며, 이는 다양한 산업에서 AI의 활용 폭을 넓히는 중요한 전환점이 되고 있다.

현재 AI 산업은 미국과 중국이 주도하는 형태로 발전하고 있으며, 딥시크는 중국의 데이터 및 언어 최적화 기술을 기반으로 기존 AI 모델과 차별화된 강점을 제공하고 있다. 특히 의료, 교육, 스마트 시티, 금융, 국방, 기업 경영 등의 분야에서 딥시크는 맞춤형 솔루션을 제공하며, 기존 AI 모델이 접근하기 어려운 영역까지 확장하고 있다.

의료 분야에서는 AI가 신약 개발, 질병 진단, 맞춤형 치료 시스템에 활용되며, 딥시크는 대규모 의료 데이터를 기반으로 보다 정밀한 분석을 제공한다. 교육에서는 AI 기반 학습 시스템이 맞춤형 교육을 가능하게 하며, 스마트 시티에서는 AI가 교통, 에너지, 보안 시스템을 최적화하는 역할을 한다. 금융 및 경제 분석에서는 AI가 데이터 기반 의사 결정을 지원하며, 기업 경영과 자동화에서는 AI가 업무 효율성을 극대화한다.

이 장에서는 딥시크 모델이 실제 산업에서 어떻게 적용되고 있으며, 기존 AI 모델과 어떤 차이를 보이는지, 그리고 각 산업이 AI 기술을 통해 어떤 변화를 맞이하고 있는지를 분석한다. AI의 대중화가 가속화되는 가운데, 딥시크와 같은 AI 모델이 가져올 산업적 혁신을 이해하는 것은 향후 시장의 흐름을 예측하는 중요한 요소가 될 것이다.

🐋 의료 분야의 혁신

딥시크가 의료 분야에서 가져온 혁신은 단순한 발전이 아니라, 의료 기술의 한계를 새롭게 정의하는 수준이다. 최첨단 기술과 의학이 만나는 지점에서, 딥시크의 능력은 질병 진단, 치료 계획 수립, 맞춤형 의료 제공과 같은 다양한 분야에 걸쳐 새로운 가능성을 열었다. 의료 산업에서 정확성과 신속성은 생명과 직결되는 요소이기에, 딥시크가 만들어낸 변화는 단순한 개선이 아니라 게임 체인저라 할 수 있다.

특히, 딥시크의 가장 큰 혁신 중 하나는 의료 진단의 혁신이다. 기존의 진단 방식은 오랜 시간이 걸리는 검사, 수작업 분석, 그리고 주관적인 판단에 의존하는 경우가 많았다. 이러한 방식은 오랫동안 인류에게 도움을 주었지만, 근본적으로 인간의 한계에 의해 제약을 받을 수밖에 없었다. 그러나 딥시크는 강력한 데이터 처리 능력과 패턴 인식 기술을 통해 기존의 한계를 뛰어넘었다. 이제는 AI가 사람이 놓칠 수 있는 미세한 질병의 징후를 포착하고, 기존 데이터와 비교하여 더 정확한 진단을 내릴 수 있는 시대가 온 것이다.

예를 들어, 딥시크는 엑스레이(X-ray), MRI, CT 스캔과 같은 의료 영상을 분석하는 데 있어 놀라운 성과를 보이고 있다. 작은 종양이나 미세한 골절처럼 인간의 눈으로는 감지하기 어려운 이상 징후도 쉽게 찾아낼 수 있다. AI는 수천만 건의 사례를 바탕으로 학습하며, 기존의 의료 데이터베이스와 대조하여 심장병이나 암과 같은 질환의 초기 신호를 감지할 수 있다.

더 나아가, 딥시크는 원격 의료(Telemedicine)와의 결합을 통해 저개발 국가에서도 의료 서비스 접근성을 향상시키고 있다. 스마트폰과 AI의 결합으로, 소외된 지역에서도 생명을 구할 수 있는 의료 서비스를 받을 수 있는 길이 열린 것이다.

◆ AI 기반 의료 진단과 영상 분석

AI는 의료 영상 분석에서 강력한 성능을 발휘한다. CT, MRI, X-ray 등의 의료 영상을 분석하는 AI는 기존 방식보다 더 빠르고 정확하게 질병을 식별할 수 있다. 특히, 딥시크는 중국어 및 다국어 의료 데이터 학습을 최적화하여, 환자의 진단 기록을 해석하고 의료 영상 분석을 더욱 정밀하게 수행할 수 있도록 지원한다. 예를 들어, 암 진단 AI는 CT 영상을 학습하여 초기 암세포를 인간 의사보다 빠르게 감지하며, AI 기반 판독 시스템은 영상 검사에서 놓칠 수 있는 미세한 변화를 포착할 수 있도록 한다.

◆ 신약 개발과 약물 상호작용 분석

딥시크의 AI 모델은 신약 개발 과정에서도 중요한 역할을 한다. 신약 개발에는 보통 10년 이상, 수조 원의 비용이 소요되지만, AI는 빅데이터 분석과 시뮬레이션을 통해 신약 후보 물질을 빠르게 선별하고, 부작용을 예측하는 역할을 한다. 딥시크의 강점은 최적화된 데이터 학습 방식을 통해 기존 AI보다 더 효율적으로 신약 후보 물질을 분류하고, 임상시험의 성공 확률을 높일 수 있다는 점이다. 또한, AI는 약물과 인체의 상호작용을 분석하여 잠재적인 부작용을 사전에 파악하고, 환자 맞춤형 치료 전략을 수립하는 데 기여할 수 있다.

◆ 맞춤형 의료 서비스와 AI 상담 시스템

딥시크 모델은 의료 챗봇 및 원격 의료 상담 시스템에도 적용될 수 있다. 기존의 의료 챗봇은 주로 정형화된 응답을 제공하는 데 그쳤지만, 딥시크는 의료 기록과 최신 의학 논문을 학습하여 환자의 증상에 맞는 더욱 정밀한 조언을 제공할 수 있다. 예를 들어, 환자가 증상을 설명하면 딥시크 AI가 질병의 가능성을 분석하고, 관련된 의학적 정보를 바탕으로 초기 진단을 돕는 기능을 수행할 수 있다. 이는 특히 의료 접근성이 낮은 지역에서 원격 진료를 강화하는 역할을 할 수 있으며, 의료진이 환자의 정보를 빠르게 분석하여 적절한 진료 방향을 결정하는 데에도 도움을 줄 수 있다.

◆ 의료 데이터 분석 및 질병 예측

딥시크는 방대한 양의 의료 데이터를 분석하여 질병 예측 및 조기 경고 시스템을 구축할 수 있다. 기존 AI 모델들은 데이터 처리 속도가 높지만 연산 비용이 매우 크다는 단점이 있었는데, 딥시크는 최적화된 모델 경량화 기술을 활용해 연산 부담을 줄이면서도 대규모 의료 데이터를 분석할 수 있도록 설계되었다. 이를 통해 당뇨병, 심혈관 질환, 신경퇴행성 질환(알츠하이머, 파킨슨병 등)의 위험 요인을 사전에 감지하고, 환자가 생활 습관을 개선할 수 있도록 조언하는 시스템을 구축할 수 있다.

◆ 병원 자동화 및 의료 행정 효율화

딥시크 기반 AI는 의료진의 업무 부담을 줄이고 병원의 행정 시스템을 자동화하는 데도 기여할 수 있다. AI 기반 전자의무기록(EMR) 분석 시스템을 통해 환자의 건강 기록을 자동 정리하고, 의료진이 빠르게 접근할 수 있도록 지원한다. 또한, AI 기반 의료 상담 시스템을 활용하면 초기 진료 단계를 자동화하여 대기 시간을 단축하고, 의료 자원의 효율적 운영이 가능해진다.

이처럼 딥시크는 비용 효율성이 높은 AI 모델로, 의료 산업에서 AI 기술을 보다 광범위하게 확산시킬 가능성이 높다. 현재 AI 의료 기술은 미국과 유럽 중심으로 발전하고 있지만, 중국을 포함한 아시아 지역에서 AI 의료 기술을 빠르게 도입하고 있으며, 딥시크는 이러한 흐름에서 중요한 역할을 할 것으로 예상된다. 향후, AI 기반 진단 시스템이 더욱 정교해지고, 신약 개발 및 맞춤형 의료 서비스가 고도화될 경우, 딥시크와 같은 AI 모델이 의료 패러다임을 변화시키는 핵심 기술로 자리 잡을 가능성이 크다.

🐋 교육 분야의 혁신

교육은 흔히 사회 발전의 토대이자, 인간의 잠재력을 발휘하고 더 나은 미래를 구축하는 길로 묘사된다. 이 분야에서 인공지능(AI)의 혁신적인 힘은 학습 방식의 전달, 경험, 최적화 방식을 재구성하며 변화를 주도하고 있다. 특히, 딥시크(DeepSeek)는 그 뛰어난 역량을 바탕으로 교육 분야에서 혁신적인 변화를 이끄는 핵심 기술로 떠오르고 있다. AI 기반 적응형 학습 시스템을 개발하며, 교사와 학생 모두에게 데이터 기반의 통찰력을 제공하여 학습 경험을 개선하는 역할을 수행하고 있다.

또한, 딥시크의 AI 모델은 개방형 혁신의 결과물로, 오픈소스 형태로 제공되어 다양한 교육 애플리케이션 개발에 활용될 수 있다. 이는 교육자와 개발자들이 협력하여 새로운 교육 도구와 플랫폼을 개발하는 데 큰 도움이 될 것이다. 최근 연구에서는 AI를 활용한 교육 프로그램이 단 6주 만에 2년 분량의 학습 효과를 달성한 사례도 보고되었다. 이러한 사례는 AI가 교육의 효율성을 크게 향상시킬 수 있음을 보여준다.

◆ 맞춤형 학습 시스템

딥시크 모델은 학습자의 수준과 학습 스타일에 맞춘 개인화된 학습 경험을 제공할 수 있다. 기존의 교육 시스템은 획일적인 커리큘럼을 제공하는 데 반해, AI 기반 학습 시스템은 학생의 학습 속도, 이해도, 관심사 등을 분석하여 맞춤형 학습 콘텐츠를 추천한다.

- **개별 맞춤 학습** 학생이 특정 개념을 이해하지 못하면, AI가 실시간으로 추가 설명과 보충 문제를 제공한다.

- **인터랙티브 AI 튜터** 딥시크 기반 AI 튜터가 실시간으로 학생의 질문에 답변하고, 개념을

보다 쉽게 이해할 수 있도록 다양한 방식으로 설명한다.

- **지능형 학습 경로 추천** 학생의 학습 데이터를 분석하여, 부족한 부분을 집중적으로 학습할 수 있도록 맞춤형 학습 경로를 제안한다.

예를 들어, 수학을 학습하는 학생이 특정 개념을 어려워하면, AI가 자동으로 관련 개념을 다시 복습하게 유도하고, 적절한 난이도의 문제를 제시하는 방식으로 개인화된 학습을 지원할 수 있다.

이렇듯, 딥시크의 AI 모델은 이러한 교육 혁신의 흐름에서 중요한 역할을 할 것으로 기대된다. 저비용 고효율의 AI 기술을 통해 교육의 접근성과 품질을 높이고, 학습자 중심의 맞춤형 교육을 실현하는 데 기여할 것이다.

◆ AI 기반 자동 평가 및 피드백 시스템

기존의 시험 및 평가 시스템은 교사의 주관적인 평가에 의존하며, 평가 과정이 시간과 인력이 많이 소요된다. 딥시크 기반 AI 평가 시스템은 자동 채점 및 피드백 기능을 제공하여 평가의 객관성을 높이고, 교사의 업무 부담을 줄일 수 있다.

- **자동 에세이 채점** AI가 학생의 글을 분석하여 논리적 흐름, 문법, 문장 구조 등을 평가하고 점수를 매긴다.

- **코딩 과제 자동 평가** 학생이 작성한 코드의 정확성을 검토하고, 최적화된 해결 방법을 추천한다.

- **실시간 피드백 제공** 학생이 시험을 본 직후 AI가 자동으로 결과를 분석하고, 개선해야 할 부분을 즉각적으로 알려준다.

AI 기반 평가 시스템은 특히 언어 학습, 코딩 교육, 수학 및 과학 과목에서 효과적으로 활용될 수 있으며, 학생 개개인에게 맞춤형 피드백을 제공하여 학습 효과를 극대화할 수 있다.

◆ 교육 격차 해소 및 접근성 확대

AI 기반 교육 시스템은 개발도상국, 장애인, 경제적으로 불리한 환경에 있는 학생들에게도 교육 기회를 제공하는 데 큰 기여를 할 수 있다.

- **음성 및 영상 인식 기술 활용** 시각 · 청각 장애 학생들을 위한 AI 보조 도구 제공한다.

- **언어 장벽 해소** 딥시크의 다국어 지원 기능을 활용하여, 학생들이 자신의 모국어로 학습할 수 있도록 지원한다.

- 인터넷이 없는 환경에서도 활용 가능한 AI 학습 시스템 개발할 수 있다.

딥시크 모델은 상대적으로 적은 연산 자원으로도 높은 성능을 발휘하도록 설계되었기 때문에, 고성능 GPU를 갖추지 않은 학교에서도 AI 기반 학습 시스템을 도입할 수 있는 가능성을 제공한다.

◆ 교사 지원 및 교수법 개선

AI는 학생들뿐만 아니라 교사들이 보다 효율적으로 수업을 준비하고, 맞춤형 교육 자료를 개발하는 데 도움을 줄 수 있다.

- **수업 계획 자동 생성** AI가 교사의 커리큘럼을 분석하고, 가장 효과적인 학습 순서를 제안.

- **AI 기반 교육 자료 제작** AI가 교재를 요약하고, 학습 포인트를 정리하여 교사들에게 제공.

- **수업 중 실시간 데이터 분석** 학생들의 참여도와 이해도를 분석하여, 교사가 실시간으로 수업 방식을 조정.

이미 중국에서 진행된 시범 프로젝트에서 딥시크 기반 교육 플랫폼을 사용한 학교들은 학생들의 학습 성과와 참여도가 크게 향상되었다는 보고가 나오고 있다. 교사들은 딥시크의 인사이트가 실질적으로 교육의 질을 높이는 데 기여하고 있다고 평가했다. 국제적으로도 딥시크는 난민 공동체 등 교육이 절실한 환경에서 교육을 제공하는 데 중요한 역할을 하고 있다.

그러나 모든 혁신적인 기술이 그렇듯, AI를 교육에 적용하는 과정에서 윤리적 문제와 실용적인 도전 과제도 존재한다. 가장 큰 우려 중 하나는 기술에 대한 과도한 의존이 교사의 역할을 축소시킬 가능성이 있다는 점이다. 딥시크가 뛰어난 인사이트와 개인화된 학습을 제공할 수는 있지만, 교사가 가지는 공감력, 창의성, 멘토십을 완전히 대체할 수는 없다.

교사들은 AI를 활용하여 더욱 효과적인 교육 전략을 수립할 수 있으며, 개별 학생들의 성취도 분석을 통해 맞춤형 지도를 할 수 있다. 딥시크 모델은 비용 효율적이고 최적화된 AI 기술을 바탕으로, 교육 시스템의 개인화, 자동화, 접근성 확대를 실현하는 데 기여할 수 있다. AI 기반 학습 시스템이 발전하면서, 학생들은 맞춤형 학습을 경험하고, 교사들은 보다 효과적인 교수법을 개발하며, 전 세계적으로 교육 기회의 불평등이 완화될 가능성이 커지고 있다.

딥시크는 비용 대비 높은 효율성을 제공한다는 점에서, 교육 인프라가 부족한 지역에서도 AI 기반 교육 혁신을 촉진할 수 있다. 향후, AI 기술이 더욱 발전하면서, AI가 단순히 학습을 보조하는 도구를 넘어 완전한 맞춤형 교육 시스템을 구축하는 핵심 요소로 자리 잡을 것이며, 딥시크와 같은 AI 모델이 이 변화를 주도할 가능성이 높다.

스마트 시티 및 도시 계획

스마트 시티는 첨단 정보통신기술(ICT)을 활용하여 도시의 효율성과 삶의 질을 향상시키는 혁신적인 도시 모델이다. 최근에는 인공지능(AI), 빅데이터, 사물인터넷(IoT) 등의 기술이 결합되어 더욱 지능화된 도시 관리와 서비스를 제공하고 있다.

스마트 시티는 인공지능(AI), 사물인터넷(IoT), 빅데이터 등의 기술을 활용하여 도시의 효율성을 높이고, 시민의 삶의 질을 향상시키는 것을 목표로 한다. 최근 AI의 발전으로 스마트 시티의 핵심 기술이 더욱 정교해지고 있으며, 특히 딥시크(DeepSeek)와 같은 고성능 AI 모델이 스마트 시티 운영의 핵심 엔진 역할을 할 가능성이 높아지고 있다. 딥시크는 비용 효율성과 경량화된 AI 모델 구조, 데이터 분석 최적화라는 강점을 바탕으로 스마트 시티의 다양한 분야에서 활용될 수 있다.

한국 정부는 이러한 흐름에 발맞춰 **제4차 스마트도시 종합계획(2024~2028)**을 수립하여 추진 중이다. 이 계획은 시민 중심의 상향식 스마트도시 실증을 강조하며, 국가시범도시 조성, 스마트시티 챌린지, 스마트시티형 도시재생 사업 등을 통해 기존 도시의 스마트화를 추진하고 있다.

스마트 시티의 핵심 요소 중 하나는 디지털 트윈 기술이다. 디지털 트윈은 현실 세계의 도시를 가상 공간에 그대로 재현하여 다양한 시뮬레이션과 분석을 가능하게 한다. 이를 통해 도시 계획자들은 교통 흐름, 에너지 사용, 환경 영향 등을 사전에 예측하고 최적의 해결책을 모색할 수 있다. 예를 들어, 핀란드의 헬싱키는 디지털 트윈을 활용하여 도시 내 풍속을 분석하고 건물 설계를 사전에 테스트함으로써 시민의 불편을 최소화하고 있다.

또한, 시민 참여 플랫폼의 중요성도 부각되고 있다. 스마트 시티는 기술 중심의 접근

뿐만 아니라 시민들의 적극적인 참여와 협력을 통해 더욱 효과적인 결과를 도출할 수 있다. 이를 위해 크라우드 펀딩, 리빙랩, 창업 생태계 조성 등 다양한 제도적 방안이 마련되고 있으며, 이를 통해 시민들이 스마트 시티 사업에 직접 참여하고 체감할 수 있는 기회를 제공하고 있다.

스마트 시티의 성공적인 구현을 위해서는 데이터 기반의 의사 결정이 필수적이다. 도시의 다양한 데이터를 수집·분석·활용하여 교통, 환경, 에너지, 안전 등 여러 분야에서 효율성을 높이고 문제를 사전에 예방할 수 있다. 예를 들어, 싱가포르는 통합 모빌리티 서비스를 구축하여 교통 데이터를 실시간으로 분석하고 최적의 교통 흐름을 유지하고 있다.

이처럼 스마트 시티는 첨단 기술과 시민 참여를 통해 지속 가능한 도시 발전을 추구하며, 앞으로도 다양한 혁신을 통해 도시 생활의 질을 향상시킬 것으로 기대된다.

◆ 딥시크 기반 스마트 시티의 미래 전망

- **AI 기반 도시 데이터 분석 및 예측** 스마트 시티에서는 대량의 데이터를 실시간으로 수집하고 분석하는 것이 필수적이다. 딥시크는 이러한 데이터 분석을 효율적으로 수행하며, 도시 운영 최적화 및 정책 수립에 중요한 역할을 할 수 있다.

- **AI 기반 스마트 시티 관리 자동화** 스마트 시티의 핵심 목표 중 하나는 운영의 자동화 및 효율성 극대화이다. 딥시크 모델은 스마트 시티의 핵심 인프라와 연동하여 다양한 행정 업무를 자동화할 수 있다.

- **AI 기반 시민 맞춤형 서비스 제공** 딥시크와 같은 AI 모델은 시민 맞춤형 서비스를 제공하여 스마트 시티의 거주 만족도를 높이는 데 기여할 수 있다.

국가 안보 및 국방

인공지능(AI)은 현대 국방과 국가 안보 분야에서 핵심적인 역할을 하고 있다. 인공지능(AI)은 현대 국방과 국가 안보의 핵심 기술로 자리 잡고 있으며, 특히 딥시크와 같은 초거대 AI 모델이 군사 전략 및 안보 시스템에 미치는 영향은 점점 더 커지고 있다. 딥시크는 비용 효율적이면서도 강력한 성능을 발휘하는 AI 모델로, 국방 및 안보 분야에서 정보 분석, 자동화, 사이버 방어, 무기 체계 최적화 등의 역할을 수행할 가능성이 크다.

딥시크는 전장에서의 전술적 판단을 지원하는 강력한 분석 도구로 기능할 수 있으며, 위협을 감지하고 최적의 대응 전략을 제안할 수 있는 능력을 갖추고 있다. 이는 군사 작전의 효율성을 높이고 인명 피해를 줄이는 데 기여할 수 있다. 하지만, 인간의 판단이 개입되지 않은 상태에서 AI 알고리즘이 결정권을 갖는다면 예측하지 못한 위험한 상황이 발생할 가능성이 높다. 무인 무기 시스템이 오판으로 인해 불필요한 공격을 감행하거나, 군사적 충돌이 불필요하게 확대될 위험도 배제할 수 없다.

딥시크와 같은 AI 모델이 군사적 경쟁 속에서 어떻게 활용될 것인지, 그리고 국제 안보 질서에 어떤 변화를 가져올 것인지에 대한 논의가 활발해지고 있다. 최근 미국 백악관은 딥시크가 국가 안보에 미치는 영향을 조사 중이며, 미 해군은 소속 군인들에게 딥시크의 애플리케이션을 다운로드하거나 사용하지 말 것을 경고했다. 또한, 딥시크의 AI 모델이 부정확한 정보를 제공하거나 악의적으로 활용될 수 있는 허점을 가지고 있다는 분석도 제기되었다.

이러한 상황에서 AI 기술의 발전은 국가 안보에 있어 양날의 검과 같다. 따라서, AI 기술의 개발과 활용에 있어 신중한 접근과 국제적인 협력이 필요하다.

🐋 글로벌 금융 및 경제 분석

딥시크는 저비용 고효율 AI 모델을 선보이며, 금융 및 경제 분야에서도 상당한 파장을 일으키고 있다. 딥시크의 AI 모델은 기존 대비 낮은 비용으로도 높은 성능을 발휘하여, AI 산업의 투자 효율성을 재조명하고 있다.

이러한 기술 혁신은 금융 시장에 즉각적인 영향을 미쳤다. AI 서비스 확산에 따른 전력 수요 증가를 예상하며 상승세를 보이던 전력 인프라 관련 주식들이 딥시크의 발표 이후 하락세로 전환되었다. 이는 AI 모델의 효율성이 높아지면서 예상보다 전력 수요가 감소할 수 있다는 우려에서 비롯된 것이다.

반면, AI 소프트웨어 업종은 딥시크의 등장으로 오히려 긍정적인 영향을 받고 있다. AI 개발 비용 절감이 가능해지면서, 그동안 높은 비용 문제로 상용화가 지연되었던 국내 AI 기업들에게 새로운 기회가 열리고 있다. 전문가들은 딥시크의 등장이 AI 산업의 효율성을 높여 장기적으로 AI 시장의 확장을 이끌 것으로 전망하고 있다. 이는 AI 생태계의 확장으로 이어져 관련 산업 전반에 긍정적인 영향을 미칠 것으로 예상된다.

◆ 딥시크를 활용한 금융 및 경제 분석 혁신

AI는 금융 및 경제 분석 분야에서 시장 예측, 리스크 관리, 자산 운용, 자동화된 금융 서비스 등의 역할을 수행하며, 딥시크와 같은 초거대 AI 모델이 등장하면서 금융 AI의 효율성과 적용 범위가 더욱 확대되고 있다. 특히, 딥시크는 기존 AI 모델 대비 낮은 연산 비용과 최적화된 데이터 분석 기능을 제공하여 금융 데이터 처리 속도를 높이고, 투자 및 경제 분석의 정확도를 개선할 가능성이 크다.

- **AI 기반 금융 시장 예측 및 데이터 분석** 금융 시장에서는 주식, 채권, 외환, 가상자산(암호화폐) 등의 가격 변동을 예측하고 투자 전략을 최적화하는 것이 핵심 과제이다. 딥시크는 방대한 금융 데이터를 실시간으로 분석하여 시장 동향을 예측하고, 투자 결정을 돕는 역할을 수행할 수 있다.

- **AI 기반 리스크 관리 및 금융 사기 탐지** 금융 기관들은 AI를 활용하여 리스크 관리 및 금융 사기 탐지를 최적화하고 있으며, 딥시크는 이 과정에서 더욱 정교한 분석을 제공할 가능성이 있다.

- **AI 기반 자동화 금융 서비스 및 핀테크 혁신** AI는 기존 금융 서비스에서 고객 맞춤형 금융 상품 추천, 챗봇 기반 고객 상담, 자동화된 투자 관리(로보어드바이저) 등의 역할을 수행하고 있으며, 딥시크는 이러한 핀테크 혁신을 더욱 가속화할 수 있는 핵심 기술로 자리 잡을 가능성이 크다.

- **AI와 중앙은행 정책 분석 및 경제 전망** AI는 중앙은행의 통화정책 분석, 경제 전망 예측 등 거시경제 분석에도 활용될 수 있으며, 딥시크는 이 과정에서 신뢰도 높은 경제 모델을 구축하는 데 기여할 수 있다.

이처럼 딥시크는 기존 AI 모델보다 비용 효율성이 뛰어나고, 데이터 분석 최적화 기술을 갖추고 있어 금융 및 경제 분석 분야에서 다양한 활용 가능성을 제공할 수 있다. AI가 금융 시장 예측, 리스크 관리, 자동화된 금융 서비스, 거시경제 분석 등 다양한 분야에서 핵심 역할을 수행하는 시대가 도래하고 있으며, 딥시크는 이 과정에서 보다 실용적이고 접근성이 높은 AI 모델로 자리 잡을 가능성이 크다.

향후, AI 금융 기술이 더욱 발전하면서, AI 모델이 단순한 데이터 분석 도구를 넘어 금융 시스템의 중심적인 의사결정 역할을 수행하는 방향으로 변화할 것으로 전망된다. 딥시크와 같은 AI 모델이 글로벌 금융 시장에서 어떤 혁신을 만들어낼지, 그리고 AI 금융 생태계의 확장을 어떻게 가속화할지 주목할 필요가 있다.

기업 경영 및 자동화

인공지능(AI)의 발전은 기업 경영과 자동화 분야에 혁신적인 변화를 가져오고 있다. 특히, 중국의 AI 스타트업 딥시크(DeepSeek)가 저비용으로 고성능 AI 모델을 선보이며 주목받고 있다. 딥시크의 AI 모델은 기업의 운영비용(OPEX)을 절감하는 데 큰 역할을 할 것으로 예상된다. 예를 들어, AI를 활용하여 문서 작성, 데이터 분석, 마케팅 콘텐츠 생성 등 다양한 업무를 자동화함으로써 인력 규모를 최적화하고 효율성을 높일 수 있다.

또한, 딥시크의 기술은 AI 기반 반도체 설계 자동화에 강점을 가지고 있어, 기존의 높은 비용과 시간이 소요되던 반도체 설계 작업을 효율적으로 수행할 수 있다. IBM은 딥시크의 AI 모델을 개방형 혁신의 결과로 평가하며, AI 기술이 더욱 저렴해질 것으로 전망하고 있다. 특히, 특정 임무에 전문화한 AI 가속기 칩이 기업의 필요에 맞춰 낮은 가격에 효과적으로 AI 작업을 처리하게 해줄 것으로 기대하고 있다.

◆ 딥시크를 활용한 기업 경영 및 자동화 혁신

AI 기술은 기업 경영과 자동화 분야에서 혁신적인 변화를 가져오고 있으며, 딥시크와 같은 초거대 AI 모델이 등장하면서 AI 기반 경영 최적화 및 업무 자동화가 더욱 가속화되고 있다. 특히, 딥시크는 비용 효율적인 AI 모델 구조와 최적화된 데이터 처리 기술을 활용하여, 기업들이 AI를 보다 경제적으로 도입하고 활용할 수 있도록 지원할 가능성이 크다.

- **AI 기반 업무 자동화(RPA: Robotic Process Automation)** AI를 활용한 업무 자동화(RPA)는 기업이 반복적이고 규칙적인 업무를 자동화하여 인력의 생산성을 높이고, 운영

비용을 절감하는 것을 목표로 한다. 딥시크는 AI 기반 자연어 처리(NLP)와 데이터 분석 기능을 활용하여 더욱 정교한 자동화 시스템을 구축하는 데 기여할 수 있다.

- **AI 기반 경영 의사결정 지원** 기업 경영에서는 AI가 데이터 기반 의사결정을 강화하는 역할을 수행하며, 딥시크는 실시간 데이터 분석과 예측 모델을 활용하여 보다 정확한 의사결정을 가능하게 할 수 있다.

- **AI 기반 마케팅 및 세일즈 자동화** 딥시크는 기업의 마케팅 및 세일즈 활동에서도 효율성을 극대화하는 데 기여할 수 있다.

- **AI 기반 기업 운영 및 인사 관리(HR Tech)** 딥시크는 기업의 HR(인적 자원) 관리에도 활용될 수 있으며, 직원 평가, 채용 프로세스 자동화, 조직 관리 최적화 등 다양한 분야에서 AI가 기업 운영을 지원할 수 있다.

- **AI 기반 기업 보안 및 데이터 보호** 기업 경영에서 AI는 보안 및 데이터 보호 분야에서도 중요한 역할을 수행할 수 있다.

딥시크는 기존 AI 모델보다 비용 효율성이 뛰어나고, 기업들이 AI 기술을 보다 쉽게 도입할 수 있도록 지원할 가능성이 크다. 기업들은 딥시크 기반 AI 솔루션을 활용하여 업무 자동화, 경영 의사결정 지원, 마케팅 최적화, HR 및 보안 강화 등 다양한 방식으로 경영 혁신을 추진할 수 있다.

이러한 AI 기술의 발전은 기업의 경영 전략과 운영 방식에 근본적인 변화를 가져올 것으로 예상되며, 기업들은 AI를 활용한 자동화와 효율성 증대를 통해 경쟁력을 강화할 수 있을 것이다.

04
글로벌 파급 효과

078 중국의 기술적 소프트 파워

082 심화되는 글로벌 경쟁

086 AI 규제와 윤리

087 AI와 지정학: 기술 패권 경쟁

092 AI 주도권을 위한 국제 협력과 갈등

"AI 경쟁은 더 이상 기술의 문제가 아니다. 이제는 국가의 미래와 글로벌 질서를 결정하는 핵심 변수가 되었다."

딥시크(DeepSeek) 모델의 등장은 AI 산업의 흐름을 바꾸고 있으며, 이는 기술적 변화뿐만 아니라 경제, 정치, 외교, 국가 안보 등 다양한 영역에서 거대한 파급 효과를 불러오고 있다. AI는 단순한 혁신 기술이 아니라, 국가의 경쟁력을 좌우하는 전략적 자산이 되었으며, 이에 따라 글로벌 강대국들은 AI 패권을 차지하기 위해 치열한 경쟁을 벌이고 있다.

기존 AI 시장은 미국과 유럽이 주도하고, 중국이 빠르게 추격하는 구조였다. 그러나 딥시크와 같은 중국 AI 기업의 부상은 글로벌 AI 패권 구도를 변화시키고, AI 기술의 탈서구화(De-Westernization)를 가속화하는 주요 변수가 되고 있다. 특히, AI 기술이 군사, 금융, 무역, 외교, 사이버 안보 등에 미치는 영향이 커지면서 AI는 단순한 기술 경쟁을 넘어 국가 간 패권 경쟁의 도구로 활용되고 있다.

이 장에서는 딥시크의 부상이 글로벌 AI 시장과 지정학적 질서에 미치는 영향, AI를 둘러싼 규제와 윤리적 논의, 그리고 AI 기술이 촉발하는 국제 협력과 갈등의 양상을 분석할 것이다. AI가 글로벌 경제와 안보, 국제 관계를 어떻게 변화시키고 있으며, 향후 AI 패권 경쟁이 어떤 방향으로 전개될 것인지를 탐구하는 것은 향후 세계 질서를 예측하는 중요한 단서가 될 것이다.

중국의 기술적 소프트 파워

딥시크의 등장은 중국을 글로벌 AI 기술 혁신의 선두주자로 올려놓았을 뿐만 아니라, AI 외교(AI Diplomacy) 분야에서도 중국의 입지를 강화하는 핵심 요소가 되고 있다. 딥시크는 단순한 기술적 성과를 넘어, 중국이 소프트 파워(Soft-Power)를 확장하고, 글로벌 사회에서 기술적 영향력을 재정립하려는 전략적 자산으로 작용하고 있다. AI 중심의 글로벌 환경에서, 기술적 영향력은 현대 외교의 핵심 요소로 자리 잡고 있으며, 중국은 딥시크를 활용해 선도적 AI 국가이자 필수적인 협력 파트너로 자리매김하려 하고 있다.

소프트 파워는 일반적으로 강압이 아닌 매력과 설득을 통해 다른 국가들의 선호도와 행동을 형성하는 능력으로 정의되며, 전통적으로는 문화 수출, 교육, 정치적 가치 등을 중심으로 발전해왔다. 그러나 21세기 들어 기술 혁신이 소프트 파워의 강력한 요소로 부상하면서, 첨단 기술을 선도하는 국가는 경제적 이익뿐만 아니라 정치적·문화적 영향력도 확대할 수 있는 기회를 얻게 되었다. 글로벌 문제 해결을 위한 기술적 해결책을 제공함으로써, 국가 간 협력을 강화하고 외교적 리더십을 구축할 수 있는 기회를 창출할 수 있다.

딥시크는 중국의 이러한 전략의 핵심에 위치하고 있다. 딥시크의 AI 역량은 글로벌 기술 시장을 흔들었을 뿐만 아니라, 중국을 세계적인 문제 해결의 주요 플레이어로 자리 잡게 하는 역할을 수행하고 있다.

◆ AI를 통한 기술 패권 경쟁: 딥시크의 등장과 중국의 AI 전략

딥시크와 같은 초거대 AI 모델의 등장은 중국이 AI 산업에서 독자적인 생태계를 구축하고, 글로벌 AI 시장에서 영향력을 확대하려는 전략의 일환이다. 미국이 엔비디아 GPU 및 반도체 수출을 제한하면서 중국의 AI 연구가 어려움을 겪고 있음에도 불구하고, 딥시크는 비용 효율적인 AI 모델을 개발하여 서구 AI 독점 체제에 도전하는 상징적인 사례가 되었다.

- **중국 AI 생태계의 독립성 강화** 중국은 자체적인 AI 반도체 개발, 초거대 AI 모델 연구, 데이터 주권 전략을 통해 AI 기술 자립을 추진하고 있으며, 딥시크는 이러한 흐름의 대표적인 사례다. 향후 중국 AI 기업들은 미국의 기술 의존도를 줄이고, 자체적인 AI 인프라를 구축하는 방향으로 발전할 가능성이 크다.

- **글로벌 AI 시장에서 중국의 입지 강화** 과거 AI 시장은 구글(DeepMind), 메타(LLaMA), OpenAI(ChatGPT) 등 서구 기업들이 주도했다. 하지만 딥시크의 등장으로 중국 AI 기업이 글로벌 시장에서 경쟁력을 갖추고, 신흥국 및 비서구권 국가들에게 새로운 대안을 제공할 가능성이 높아졌다.

◆ 디지털 실크로드: 중국의 기술 확산 전략

중국은 일대일로(一帶一路: Belt and Road Initiative, BRI) 프로젝트를 통해 인프라 확장을 추진해 왔으며, 최근에는 **디지털 실크로드(Digital Silk Road, DSR)**라는 개념을 도입하여 AI, 5G, 클라우드 컴퓨팅, 스마트 시티, 전자상거래 등 첨단 기술을 개발도상국에 공급하고 있다.

- **5G 및 통신 인프라 구축** 화웨이(Huawei)와 ZTE는 전 세계 5G 네트워크 구축에 핵심적인 역할을 하고 있으며, 특히 아프리카, 중동, 동남아시아 등의 국가들에 중국의 5G 기술이 빠르게 확산되고 있다. 이는 서구 기업보다 낮은 가격과 빠른 구축 속도를 강점으로 내세우며, 중국이 디지털 인프라에서 영향력을 확대하는 중요한 요소가 되고 있다.

- **스마트 시티 및 공공 AI 기술 확산** 중국은 AI 기반 스마트 시티 및 감시 기술을 개발도상국에 제공하면서, 도시 관리 및 보안 시스템을 강화하는 기술적 리더십을 확보하고 있다. 예를 들어, 중국의 안면 인식 및 스마트 교통 시스템은 아시아와 아프리카 국가들에서 도입되고 있으며, 이는 중국의 기술적 소프트 파워를 확대하는 중요한 전략이다.

- **디지털 위안화(CBDC)와 핀테크 확산** 중국은 디지털 위안화(CBDC, 중앙은행 디지털 화폐) 개발을 통해 국제 금융 시스템에서 영향력을 확대하고 있다. 중국의 알리페이(AliPay)와 위챗페이(WeChat Pay)는 이미 중국 내 현금 없는 사회를 주도하고 있으며, 동남아, 아프리카 등 신흥 시장에서도 중국 핀테크 서비스가 빠르게 확산되고 있다. 이는 미국 달러 중심의 금융 시스템에 대한 대안을 제시하며, 중국의 경제적 영향력을 강화하는 중요한 도구가 되고 있다.

◆ AI 윤리 및 글로벌 AI 표준 경쟁

AI 기술의 발전과 함께, AI 규제와 윤리를 둘러싼 국제적 논의가 활발해지고 있으며, 중국은 AI 표준 설정 과정에서 주도권을 잡으려는 전략을 추진하고 있다.

- **중국 AI 규제 모델의 확산** 중국은 2023년부터 생성형 AI에 대한 규제를 강화하며, AI 모델의 공공 배포 전 정부 승인을 요구하는 정책을 시행했다. 이는 서구의 AI 규제 모델과 차별화되는 접근 방식으로, AI 기술을 적극적으로 통제하면서 국가적 전략에 맞춰 활용하려는 정책이다.

- **국제 AI 표준 주도 시도** 중국은 UN, ISO(국제표준화기구), ITU(국제전기통신연합) 등의 국제기구에서 AI 표준 수립 과정에 적극적으로 참여하며, 글로벌 AI 표준 설정을 주도하려는 전략을 펼치고 있다. 특히, AI 윤리, 데이터 보안, 알고리즘 투명성 등의 분야에서 중국의 입장을 반영하려는 움직임이 포착되고 있다.

- **서구 AI 규제와의 차별성** 미국과 유럽은 AI의 윤리적 문제(편향, 개인정보 보호, 알고리즘 투명성 등)에 초점을 맞추고 있다. 반면, 중국은 AI를 국가 안보와 경제적 성장의 도구

로 활용하는 데 중점을 두고 있으며, 국가 차원의 AI 규제 모델을 구축하고 있다. 이러한 차이는 국제적으로 AI 규제 모델의 경쟁을 촉발할 가능성이 크다.

◆ 중국의 기술적 소프트 파워가 글로벌 시장에 미치는 영향

중국의 기술적 소프트 파워 확장은 AI, 5G, 스마트 시티, 핀테크 등 다양한 분야에서 글로벌 시장에 큰 영향을 미칠 것으로 예상된다.

- **미국과의 AI 패권 경쟁 가속화** 미국은 중국의 AI 기술 발전을 견제하기 위해 AI 반도체 수출 제한, 중국 기업의 미국 기술 접근 차단, 글로벌 AI 기업과의 협력 제한 등의 조치를 취하고 있다. 그러나 중국이 자체 AI 기술을 발전시키고, 개발도상국과 협력을 강화한다면 AI 패권 경쟁은 더욱 심화될 가능성이 크다.

- **비서구권 국가와의 기술 협력 강화** 중국의 AI 및 디지털 기술은 개발도상국과 신흥 시장에서 빠르게 확산될 가능성이 있으며, 이는 미국 및 유럽 기업들과의 경쟁을 촉발할 것이다. AI, 5G, 스마트 시티 인프라 등은 기술적 접근성이 낮은 국가들에게 매력적인 옵션이 될 수 있으며, 중국의 글로벌 기술 영향력을 강화하는 요소가 된다.

- **AI 기반 국제 질서 재편 가능성** 향후 AI 기술이 글로벌 경제 및 안보 질서를 재편하는 데 중요한 변수로 작용할 것이며, 중국의 기술적 소프트 파워는 국제 사회에서 새로운 질서를 구축하는 중요한 요소가 될 것이다.

중국은 AI, 5G, 스마트 시티, 핀테크 등의 기술을 통해 국제 사회에서 영향력을 확대하고 있으며, AI 규제 및 표준 설정 과정에서도 주도권을 확보하려는 전략을 펼치고 있다. 딥시크의 등장은 중국의 기술적 소프트 파워가 강화되고 있음을 보여주는 대표적인 사례이며, 이는 향후 글로벌 AI 패권 경쟁의 중요한 변수가 될 것이다.

심화되는 글로벌 경쟁

딥시크의 등장은 인공지능(AI) 분야에서 강도 높은 글로벌 경쟁을 촉발하며, 미국, 유럽연합(EU) 및 기타 주요 기술 선도국들이 중국의 대담한 AI 발전에 대응하도록 만들고 있다. 과거 AI 경쟁이 소수 혁신 기업들 간의 조용한 경쟁이었다면, 이제는 기술적 우위를 차지하는 것이 경제적·정치적·전략적 힘으로 이어지는 치열한 경쟁의 장으로 변화하고 있다. 딥시크가 서구권에서 개발된 AI 모델들과 견줄 만한 성능을 갖추거나 이를 능가하는 기술력을 선보이면서, 글로벌 AI 시장의 주요 플레이어들은 급변하는 환경 속에서 자리를 유지하기 위한 도전에 직면하고 있다.

미국은 전통적으로 AI 혁신을 주도해 온 국가였지만, 딥시크의 등장을 "AI 경쟁의 경고 신호(Wake-Up call)"로 받아들이고 있다. 오픈AI(OpenAI), 구글(Google), 마이크로소프트(Microsoft)와 같은 미국의 거대 기술 기업들은 오랫동안 AI 산업을 지배하며 혁신과 상업적 성공의 표준을 세워왔다. 그러나 딥시크의 성공은 이러한 기존 질서를 흔들며, 중국이 단순한 경쟁자가 아니라 AI 분야의 잠재적인 리더가 될 수 있음을 입증하고 있다. 이에 대응하여, 미국 기업들은 AI 연구개발(R&D) 투자 규모를 대폭 확대하고 있으며, 차세대 AI 모델을 개발하는 프로젝트에 수십억 달러를 투입하고 있다.

미국이 집중하고 있는 핵심 전략 중 하나는 더 강력하고 효율적인 AI 아키텍처를 개발하는 것이다. 오픈AI의 GPT 및 구글의 Bard와 같은 AI 모델들은 속도, 확장성, 정확도 측면에서 지속적인 개선이 이루어지고 있으며, AI 기업들은 자율주행차에서 의료 진단까지 다양한 분야에 AI를 통합하는 방향으로 기술 개발을 확장하고 있다. 이를 통해 AI의 영향력을 극대화하고, 딥시크와 같은 중국의 AI 모델들과의 경쟁에서 주도권을 유지하려는 전략을 추진하고 있다.

또한, 미국 정부는 AI의 전략적 중요성을 인식하고 연구 기금 투자를 확대하는 한편, 공공과 민간의 협력을 강화하여 AI 혁신을 가속화하는 정책을 시행하고 있다. 그러나 이러한 노력에도 불구하고, 미국은 딥시크와의 격차를 해소하는 데 있어 상당한 도전에 직면해 있으며, 특히 중국이 특정 AI 기술에서 강력한 우위를 점하고 있는 분야에서 어려움을 겪을 가능성이 크다.

딥시크가 글로벌 AI 시장에서 경쟁력을 갖추게 된 주요 요인 중 하나는 데이터 접근성이다. 미국 기업들은 방대한 데이터셋을 활용할 수 있지만, 유럽의 일반 데이터 보호 규정(GDPR)과 미국의 유사한 개인정보 보호법으로 인해 AI 훈련에 사용할 수 있는 데이터의 범위가 제한된다. 반면, 중국은 중앙집권적인 데이터 관리 체계를 기반으로 대규모 데이터 수집과 통합이 가능하며, 이는 딥시크가 더 강력하고 다양한 AI 모델을 구축하는 데 중요한 이점이 되고 있다.

유럽연합(EU)도 딥시크의 부상을 인식하고 있지만, 미국과는 다른 접근 방식을 취하고 있다. EU는 혁신보다는 윤리적 AI와 규제 프레임워크를 강화하는 데 초점을 맞추고 있으며, 이를 경쟁력의 원천으로 삼아 글로벌 AI 개발 및 배포의 규범을 설정하는 리더로 자리 잡으려 하고 있다. 예를 들어, 유럽 AI 법안(AI Act)은 투명성, 책임성, 공정성을 보장하는 포괄적인 가이드라인을 마련하여, 이러한 원칙을 중요하게 여기는 국제 파트너들을 유치하는 전략을 추진하고 있다.

그러나 EU의 강력한 규제 정책은 AI 혁신 속도를 중국과 미국에 비해 둔화시키는 결과를 초래하고 있다. 구글에 인수되기 전의 딥마인드(DeepMind)와 SAP 같은 유럽 기업들이 AI 분야에서 중요한 기여를 했음에도 불구하고, 미국과 중국 기업들에 비해 자원과 규모 면에서 경쟁력이 부족하다. 또한, 유럽 시장의 언어 및 문화적 다양성은 AI 모델 개발을 더욱 복잡하게 만들며, 딥시크와 같은 대규모 AI 모델을 구축하는 데 장애물로 작용하고 있다.

이와 함께, 한국, 일본, 인도 등의 기술 강국들도 딥시크와 경쟁하기 위한 전략을 모색하고 있다. 일본의 소니(Sony)와 소프트뱅크(SoftBank)는 로봇공학 및 AI 응용 분야에 투자하고 있으며, 특히 노인 돌봄(Care tech) 및 제조업 분야에서 AI 기술을 발전시키고 있다. 국내에서는 삼성(Samsung)과 LG와 같은 기업들이 AI를 소비자 가전 및 스마트 시티 인프라에 통합하는 데 집중하고 있으며, 한국 정부 역시 AI 혁신을 지원하는 정책을 추진하고 있다. 인도도 농업, 의료, 교육 분야에서 AI를 활용하는 신흥 기술 생태계를 조성하고 있지만, 현재까지 딥시크의 수준과 규모에 맞설 수 있는 경쟁력을 확보하지는 못한 상황이다.

딥시크와의 격차를 좁히는 데 있어 가장 큰 장벽 중 하나는 초거대 AI 모델을 개발하고 배포하는 데 드는 막대한 비용이다. 딥시크와 같은 모델을 훈련시키려면 최첨단 하드웨어뿐만 아니라 방대한 양의 에너지와 전문 지식이 필요하며, 이는 많은 국가들이 AI 경쟁에서 뒤처질 수밖에 없는 요인이 되고 있다. 결과적으로, 중국과 나머지 세계 간의 AI 격차는 더욱 확대되고 있으며, 딥시크의 영향력은 지속적으로 강화될 가능성이 크다.

초거대 AI 인프라를 구축하는 데는 막대한 비용과 물류적 어려움이 따르며, 이를 감당할 수 있는 국가와 기업은 제한적이다. 그러나 중국은 정부 주도의 자원 배분과 보조금 정책을 통해 AI 개발을 적극 지원하며, 다른 국가들이 쉽게 따라 할 수 없는 방식으로 AI 산업을 육성할 수 있는 경쟁력을 보유하고 있다. 또한, AI 기술의 빠른 발전 속도 역시 딥시크가 가진 강점 중 하나이다. 딥시크는 지속적인 학습 프레임워크를 통해 실시간으로 개선되며, 혁신 주기 간의 지연을 최소화할 수 있다.

이는 중국에 역동적인 경쟁력을 제공하며, 딥시크가 끊임없이 재훈련이나 재개발 없이도 높은 수준의 경쟁력을 유지할 수 있도록 만든다. 반면, 다른 국가들은 이러한 민첩한 AI 시스템을 유지하기 위해 기술적 전문성뿐만 아니라, 유연한 조직 구조를 필요로 하지만, 전통적인 관료 체계는 이러한 혁신 속도를 따라가는 데 어려움을 겪고 있다. 딥시크의 지배력이 강화되면서, AI 경쟁의 지정학적 영향도 확대되고 있으며, 각국의 대응 전략에도 영향을 미치고 있다. 중국의 AI 영향력이 커지는 것에 대한 우려로 인해, 미국, 일본, 인도, 호주가 참여하는 "쿼드 기술 네트워크(Quad tech network)" 같은 새로운 동맹과 협력이 등장하고 있다. 이러한 동맹은 AI 연구개발(R&D) 자원과 전문성을 결합하여 중국의 AI 패권에 대응하려는 전략의 일환이다.

나토(NATO) 또한 AI 중심의 방위 및 사이버 보안 역량 강화를 위한 이니셔티브를 출범하며, 회원국들의 기술력을 향상시키는 데 집중하고 있다. 그러나 이러한 대응 전략이 글로벌 차원의 AI 경쟁을 시사하는 한편, 다양한 이해관계자 간의 조정과 협력에서 발생하는 어려움도 동시에 부각되고 있다. 각국의 우선순위 경쟁, 상이한 규제 체계, 자원의 불균형 등으로 인해, 이러한 협력체들이 중국의 중앙집권적이고 통합적인 AI 전략과 경쟁하는 데 한계를 가질 수밖에 없는 상황이다.

딥시크가 촉발한 AI 경쟁 심화는 기술 경쟁의 중요한 전환점을 의미하며, 각국과 기업들은 이에 대응하기 위해 전략을 재정립하고, AI 혁신에 대규모 투자를 단행하며, AI 기술이 야기하는 윤리적·규제적 문제에 대한 해결책을 마련해야 하는 상황에 놓였다. 미국, EU, 기타 글로벌 AI 강국들이 여전히 강력한 경쟁력을 보유하고 있지만, 딥시크의 부상은 AI 경쟁의 판도를 뒤흔들고 있으며, 이제 AI 경쟁은 소수 선도국의 독점이 아니라, 전 세계적으로 펼쳐지는 고위험·고보상의 게임으로 변화하고 있다.

🐦 AI 규제와 윤리

AI 기술이 급격히 발전하면서, 이를 규제하고 윤리적 문제를 해결하기 위한 글로벌 논의가 활발해지고 있다. 하지만, AI의 빠른 확산 속도는 관련 규제의 개발 속도를 앞지르고 있다. 이로 인해 AI 혁신이 충분한 감독 없이 진행될 가능성이 있으며, 데이터 프라이버시, 투명성, 책임성과 관련된 문제들은 긴급한 해결을 요구하고 있다. AI 기술이 단순한 발전 도구인지, 아니면 착취적인 수단이 될 수 있는지에 대한 논쟁이 첨예하게 벌어지고 있는 상황이다.

AI는 경제, 안보, 의료, 교육 등 다양한 분야에서 혁신을 촉진하지만, 동시에 개인정보 보호, 알고리즘 편향, 자동화로 인한 일자리 감소, AI의 오용 및 악용 문제 등 심각한 사회적 영향을 초래할 수 있다. 이에 따라 미국과 유럽연합(EU)은 AI 규제를 강화하고 있으며, 특히 유럽연합은 세계 최초의 "AI 규제법(AI Act)"을 도입하여 AI의 투명성, 안전성, 책임성을 강조하고 있다.

반면, 중국은 강력한 AI 검열 및 정부 통제를 기반으로 AI 기술을 규제하면서, AI를 국가 안보 및 감시 시스템과 결합하는 방식을 택하고 있다. 각국의 AI 규제 접근 방식이 상이한 가운데, AI 기술을 주도하는 기업들과 규제 당국 간의 갈등도 심화되고 있으며, AI 개발과 윤리적 책임 사이에서 균형을 맞추려는 노력이 지속되고 있다.

향후, AI 규제가 더욱 정교해질수록, AI 기업들은 윤리적 기준을 충족하는 기술 개발에 집중해야 하며, 국제사회는 AI의 안전한 사용과 공정한 분배를 위한 글로벌 규범을 수립하는 데 협력해야 할 것이다.

AI와 지정학: 기술 패권 경쟁

AI 기술이 글로벌 지정학에서 핵심 전략 자산으로 부상하면서, AI 패권을 둘러싼 국가 간 경쟁이 군사, 경제, 외교 등 다양한 영역으로 확산되고 있다. 과거 냉전 시대의 군사 패권 경쟁이 핵무기를 중심으로 이루어졌다면, 21세기 패권 경쟁은 AI와 반도체 기술을 중심으로 진행되고 있으며, 이는 미·중 경쟁을 비롯한 글로벌 기술 질서의 재편을 촉진하고 있다.

미국은 엔비디아(NVIDIA) GPU 및 첨단 반도체의 중국 수출을 제한하는 기술 봉쇄 전략을 강화하면서, 중국의 AI 발전을 견제하고 있으며, 이에 대응해 중국은 자체 AI 반도체 개발과 초거대 AI 모델(딥시크 등) 육성을 통해 AI 기술 독립을 추진하고 있다. 또한, AI 기술은 국가 안보와 직결되면서, AI 기반 무인 전투 시스템, 사이버전, 감시 기술 등 군사적 활용이 증가하고 있으며, 이는 AI가 현대 전쟁의 양상을 바꾸는 중요한 변수로 작용하고 있다.

이 과정에서 유럽연합(EU), 한국, 일본 등은 AI 산업에서 독자적인 입지를 구축하려 하며, AI 기술을 둘러싼 다극적 경쟁 구도가 형성되고 있다. 향후 AI 패권 경쟁은 단순한 기술력 경쟁을 넘어, 경제 블록화, AI 규제 표준 경쟁, 글로벌 공급망 재편 등 지정학적 충돌의 핵심 변수로 작용할 가능성이 높아지고 있으며, AI가 국제 질서의 주도권을 결정하는 요소로 자리 잡을 것이다.

◆ 미·중 AI 패권 경쟁과 기술 봉쇄 전략

AI 경쟁에서 가장 주목할 점은 미국과 중국 간 기술 패권 경쟁이다. 미국은 AI 기술을 포함한 첨단 기술 분야에서 중국을 견제하기 위해 전방위적인 기술 봉쇄 정책을 펼치고 있으며, 중국은 이에 대응해 자체적인 AI 기술 독립을 추진하고 있다.

미국의 AI 기술 봉쇄 전략

- **AI 반도체 수출 제한** 미국 정부는 엔비디아(NVIDIA), 인텔(Intel) 등 AI 반도체 기업들의 최첨단 GPU 및 AI 연산 칩을 중국으로 수출하는 것을 금지하여, 중국의 AI 연구개발 속도를 늦추려 하고 있다.

- **중국 AI 기업 제재** 화웨이(Huawei), 센스타임(SenseTime), 메그비(Megvii) 등 중국 AI 기업들을 미국 블랙리스트(Entity list)에 포함시켜 서구 시장에서의 성장 기회를 차단하고 있다.

- **AI 연구 협력 제한** 미국은 AI 관련 대학 및 연구소의 중국과의 협력을 제한하며, AI 인재의 중국 유출을 막기 위한 비자 정책을 강화하고 있다.

중국의 AI 독립 전략

- **AI 반도체 자립** 화웨이, SMIC(중국 최대 반도체 기업) 등이 자체 AI 반도체(Ascend, Kirin 칩)를 개발하여, 엔비디아 GPU 의존도를 낮추려 하고 있다.

- **초거대 AI 모델 개발** 오픈AI(GPT-4), 구글(Gemini) 등에 대응하기 위해 딥시크(DeepSeek), 문위안(Moonshot), 바오투(百度, Baidu)의 Ernie Bot 등 중국 자체 AI 모델 개발이 급속도로 진행되고 있다.

- **AI 클라우드 인프라 확대** 중국은 텐센트(Tencent), 알리바바(Alibaba), 화웨이 클라우드 등을 통해 자체 AI 연산 인프라를 구축하며, 미국 클라우드 서비스(AWS, Google Cloud) 의존도를 줄이고 있다.

◆ AI 기술의 군사적 활용과 국가 안보 경쟁

AI는 군사 기술에서도 핵심 역할을 하면서, AI 패권 경쟁이 현대 전쟁 및 국가 안보 전략을 변화시키고 있다.

AI 기반 무기 개발 및 전투 시스템 자동화

- **자율 무인 전투기** 미국은 AI 기반 자율 전투기(XQ-58 발키리, 드론 편대)를 개발하고 있으며, 중국 역시 AI가 탑재된 무인 전투기 및 군용 드론을 적극 개발하고 있다.

- **AI 기반 미사일 시스템** AI는 표적 자동 식별 및 정밀 타격 시스템을 개선하는 데 활용되고 있으며, 이는 AI가 직접 군사적 의사 결정을 내리는 자율 무기 시스템 개발로 이어질 위험성도 내포하고 있다.

- **AI 전쟁 시뮬레이션** 미국과 중국은 AI 기반 전투 시뮬레이션 기술을 활용하여 군사 전략을 자동화하고, 전쟁 상황을 예측하는 시스템을 개발하고 있다.

AI 기반 사이버전 및 국가 안보 경쟁

- **사이버전 자동화** AI는 적국의 네트워크를 해킹하거나 방어하는 사이버전에서 핵심 무기가 되고 있으며, AI를 활용한 해킹·정보 조작·사이버 방어 시스템 구축 경쟁이 심화되고 있다.

- **AI 감시 및 안보 기술** 중국은 AI 기반 안면 인식 및 감시 시스템을 국가 안보 및 사회 통제에 적극 활용하고 있으며, 이는 AI가 권위주의 국가에서 강력한 감시 도구로 악용될 위험성도 내포하고 있다.

◆ AI 공급망 재편과 경제 블록화 가속화

AI 기술 패권 경쟁은 단순한 기술 경쟁이 아니라, 경제 및 무역 질서를 변화시키는 핵심 요인으로 작용하고 있다.

AI 반도체 및 클라우드 시장의 블록화

- 미국은 반도체 수출 제한을 통해 중국 AI 반도체 산업을 견제하고 있으며, 한국 · 일본 · 대만과 협력하여 "칩4 동맹"을 구축했으며, AI 반도체 공급망을 서구 중심으로 재편하고 있다.

- 중국은 SMIC, YMTC 등의 반도체 기업 육성을 통해 자체 AI 반도체 생산 능력을 강화하며, AI 칩의 공급망을 독립적으로 운영하려 하고 있다.

AI 데이터를 둘러싼 국가 간 데이터 주권 경쟁

- AI의 발전은 방대한 양의 데이터를 필요로 하기 때문에, 국가 간 데이터 보호 및 접근 통제 정책이 중요해지고 있다.

- 미국과 유럽연합(EU)은 개인정보 보호 규제를 강화하여 데이터 수집을 제한하는 반면, 중국은 국가 안보를 이유로 데이터 국외 반출을 금지하며 데이터를 무기화하는 전략을 추진하고 있다.

- 각국은 AI 데이터 주권을 강화하기 위해 데이터 보호법을 개정하고, 데이터의 국가 내부 보관을 의무화하는 정책을 추진하고 있다.

◆ AI 기술 표준 및 글로벌 규제 경쟁

AI 패권 경쟁이 심화되면서, AI 기술 표준 및 규제 체계를 선점하려는 국제적 경쟁도 치열해지고 있다.

AI 기술 표준을 둘러싼 경쟁

- 미국과 유럽연합(EU)은 AI 윤리 및 책임성을 강조하는 AI 규제 모델을 추진하며, AI 기술 표준을 글로벌 시장에서 선점하려 하고 있다.

- 중국은 이에 맞서 AI 표준화를 자국 중심으로 유도하려 하며, 개발도상국과 협력하여 중국식 AI 규제를 확산하려는 움직임을 보이고 있다.

AI 규제 및 국제 협력

- AI 기술이 무기화되면서, 국제사회에서는 AI 무기 규제 논의가 본격적으로 진행되고 있다.

- 유엔(UN) 및 G7 국가들은 AI 무기의 개발 및 사용을 제한하는 국제 협정을 논의 중이며, AI 윤리 및 안전성을 강화하는 방향으로 규제를 추진하고 있다.

AI 기술 패권 경쟁이 군사 · 경제 · 데이터 · 국제 표준 등 다양한 영역에서 심화되면서, AI는 단순한 기술 혁신이 아니라 국가 간 지정학적 균형을 결정하는 핵심 요인으로 자리 잡고 있다. 미국과 중국의 AI 경쟁이 기술 봉쇄, 군사 기술 경쟁, 데이터 주권 충돌, 경제 블록화 등의 형태로 확대되면서, AI는 국제 질서의 핵심 변수를 형성하고 있다.

향후, AI 패권을 차지하는 국가는 경제력과 군사력을 넘어 글로벌 영향력을 행사하는 강력한 힘을 갖게 될 것이며, 이는 AI가 국제 정치와 지정학을 결정하는 가장 중요한 요소로 자리 잡을 것임을 시사한다.

AI 주도권을 위한 국제 협력과 갈등

AI 기술이 글로벌 경쟁의 핵심 요소로 자리 잡으면서, 국가 간 협력과 갈등이 동시에 심화되고 있다. AI는 단순한 기술 발전을 넘어 국가 경제, 안보, 무역, 데이터 주권, 군사 기술 등 다양한 분야에서 국제적 주도권을 결정하는 요소가 되고 있으며, 이에 따라 각국은 AI 기술 표준을 선점하고, 자국 중심의 AI 생태계를 구축하려는 전략을 강화하고 있다.

AI가 국가 간 갈등을 심화시키는 한편, AI 기술의 안전한 발전과 윤리적 문제 해결을 위해 국제 협력의 필요성도 커지고 있어 AI를 둘러싼 글로벌 질서는 복잡한 양상을 띠고 있다.

◆ AI 패권을 둘러싼 국가 간 갈등과 기술 블록화

AI 기술의 중요성이 커지면서, 각국은 AI 패권을 차지하기 위해 보호무역주의, 기술 봉쇄, 데이터 주권 강화 등의 조치를 시행하며 글로벌 AI 시장을 자국 중심으로 재편하려 하고 있다.

미 · 중 AI 패권 경쟁과 기술 봉쇄 전략

- **AI 반도체 수출 제한** 미국은 엔비디아(NVIDIA) 및 AMD의 고성능 AI 칩을 중국으로 수출하지 못하도록 제한하여, 중국의 AI 연구개발 속도를 늦추려 하고 있다.

- **중국 AI 기업 제재** 화웨이(Huawei), 센스타임(SenseTime), 메그비(Megvii) 등 중국 AI 기업들이 미국의 블랙리스트(Entity list)에 포함되면서, 서구 시장에서의 확장이 어려워지고 있다.

- **클라우드 및 AI 서비스 차단** 중국 기업들의 AWS, 구글 클라우드 등 서구 AI 인프라 접근을 제한하여, 미국 중심의 AI 기술 독점을 유지하려는 전략을 펼치고 있다.

- 화웨이와 SMIC 중심의 AI 반도체 개발을 가속화하며, 미국 반도체에 대한 의존도를 줄이려 하고 있다.

- 딥시크(DeepSeek), 문위안(Moonshot), 바이두(百度, Baidu)의 Ernie Bot 등 자체 AI 모델을 개발하여 서구 AI 모델의 대안을 마련하고 있다.

- 텐센트(Tencent), 알리바바(Alibaba) 등의 클라우드 인프라를 활용해, 자체 AI 연산 인프라를 확충하고 있다.

유럽연합(EU)의 AI 규제와 기술 독립 전략

- **AI 규제 법안(AI Act) 도입** 유럽연합은 AI 기술 사용을 제한하고 윤리적 기준을 강화하는 AI 규제 법안을 세계 최초로 도입하여, AI 기술의 투명성과 안전성을 강조하고 있다.

- **AI 기술 주권 강화** 유럽은 자국 내 AI 연구를 활성화하고, Mistral AI(프랑스), Aleph Alpha(독일) 등 유럽 기반 AI 스타트업을 육성하여 자체 AI 기술 개발을 촉진하고 있다.

한국, 일본 등 아시아 국가들의 균형 전략

- 삼성전자와 SK하이닉스는 AI 반도체 개발을 통해 글로벌 AI 칩 시장에서 독자적인 경쟁력을 확보하고 있으며, 일본도 AI 반도체 개발에 적극 투자하고 있다.

- AI 기술을 제조업, 의료, 금융, 스마트 시티 등에 적극 도입하여 산업 경쟁력을 높이는 방향으로 AI 활용 전략을 수립하고 있다.

◆ AI 협력과 국제 규범 형성 노력

AI 기술이 빠르게 발전하면서, 국제사회는 AI의 윤리적 문제, 기술 남용 방지, 글로벌 기술 격차 해소를 위해 국제 협력을 강화하려는 움직임을 보이고 있다. AI는 단순한 기술 경쟁이 아니라 국제 관계, 국가 안보, 경제 질서를 결정하는 핵심 요소가 되고 있으며, AI 기술을 선점하려는 국가 간 협력과 갈등이 복합적으로 진행되고 있다.

AI 글로벌 협력 및 규범 형성 논의

- **G7 및 UN 주도의 AI 국제 규제 논의** AI 무기 개발을 제한하고, AI의 윤리적 사용을 보장하기 위한 국제적 가이드라인 및 규범을 마련하려는 논의가 활발하게 진행되고 있다.

- OECD, ITU(국제전기통신연합) 등을 중심으로 AI 기술 표준을 논의하며, AI 윤리와 책임 있는 개발 원칙을 마련하려는 시도가 이어지고 있다.

- 미국, 유럽, 일본 등은 AI 기술 협력을 강화하여, 민주주의 국가 중심의 AI 기술 연합을 구축하려 하고 있다.

국가 간 AI 공동 연구 및 산업 협력

- **AI 반도체 및 연구 개발 협력** 한국, 미국, 일본, 대만은 AI 반도체 개발 및 공급망 협력을 강화하면서, AI 기술 연구를 공동으로 진행하는 전략을 추진하고 있다.

- **AI 기반 사이버 보안 및 국방 협력** 미국과 유럽은 AI 기반 사이버 보안 시스템을 공동 개발하고 있으며, NATO는 AI를 활용한 군사 협력을 강화하려는 움직임을 보이고 있다.

- 한국과 싱가포르는 AI 스마트 시티 및 금융 AI 프로젝트에서 협력을 확대하며, AI 기술을 산업에 적극 도입하는 방향으로 발전하고 있다.

◆ AI를 둘러싼 글로벌 기술 질서의 재편

AI 기술 경쟁이 심화됨에 따라, 글로벌 기술 질서는 새로운 패권 경쟁 구도로 재편되고 있으며, AI 보호무역주의와 기술 블록화가 강화되는 추세를 보이고 있다.

AI 보호무역주의 확대

- AI 기술의 중요성이 커지면서, 각국은 AI 기업의 해외 시장 진출을 제한하는 보호무역주의 정책을 강화하고 있다.
- 미국은 중국 AI 기업들이 미국 클라우드 및 데이터 센터를 활용하는 것을 제한하며, 유럽도 AI 기술의 국가 보안 영향 평가를 강화하고 있다.

AI 데이터 주권 및 국제 협력 갈등

- AI 기술은 방대한 데이터를 필요로 하기 때문에, 각국은 데이터 보호 및 접근 통제 정책을 강화하고 있다.
- 미국과 유럽은 개인정보 보호를 위한 AI 데이터 규제를 강화하고 있으며, 중국은 AI 데이터 국외 반출을 제한하는 데이터 주권 정책을 시행하고 있다.
- 데이터 활용 범위를 둘러싼 국가 간 협력이 필요하지만, 데이터 보호와 AI 경쟁이 맞물리면서 갈등이 심화되고 있다.

AI 주도권을 둘러싼 미·중 경쟁은 더욱 심화될 것이며, 유럽과 아시아 국가들은 자체적인 AI 전략을 구축하여 AI 패권 경쟁 속에서 균형을 유지하려는 움직임을 보이고 있다. 향후, AI 패권을 차지하는 국가는 경제력과 군사력을 넘어 글로벌 영향력을 행사하는 강력한 힘을 갖게 될 것이다.

05
도전과 논란

098　기술적 한계: AI가 해결해야 할 과제들

104　프라이버시 및 감시 우려

107　AI가 가져올 경제 및 노동 시장의 변화

110　AI와 인간의 공존 문제

114　AI의 오용과 악용 가능성

"AI는 기회의 도구인가, 위협의 도구인가?"

AI 기술은 현대 사회의 혁신을 이끄는 핵심 동력이 되고 있지만, 동시에 윤리적·사회적·경제적·기술적 문제를 야기하며 논란의 중심에 서 있다. AI가 의료, 금융, 교육, 국방 등 다양한 산업을 변화시키면서 생산성과 효율성을 높이는 반면, 일자리 감소, 알고리즘 편향, 프라이버시 침해, AI 오용 및 악용 가능성 등 심각한 문제를 초래하고 있다. 특히, AI가 스스로 학습하고 의사 결정을 내릴 수 있는 수준까지 발전하면서, AI의 통제 가능성과 책임 소재 문제가 사회적 논쟁의 핵심으로 떠오르고 있다.

기술적 한계 역시 AI의 도전 과제 중 하나다. 현재 AI는 특정 작업에서 인간을 능가할 수 있지만, 정확성 부족, 창의적 사고 결여, 불완전한 데이터 학습 문제 등 여전히 해결해야 할 기술적 난관이 많다. 또한, AI 모델이 방대한 연산 자원과 데이터에 의존하는 구조이기 때문에, AI 개발이 특정 국가와 기업에 집중되면서 기술 격차와 독점 문제가 심화될 가능성이 크다.

이 장에서는 AI 기술이 직면한 도전과 논란을 분석하고, AI가 지속 가능하고 책임 있게 발전하기 위해 해결해야 할 주요 과제들을 살펴본다. AI가 인간과 공존하는 미래를 만들어가기 위해서는 기술 혁신과 함께 윤리적 책임, 법적 규제, 사회적 합의가 필수적이며, 이에 대한 논의가 지속적으로 이루어져야 할 것이다.

기술적 한계: AI가 해결해야 할 과제들

딥시크(DeepSeek)는 AI 분야에서 혁신적인 성과를 거두었지만, 여전히 해결해야 할 기술적 한계를 안고 있다. 가장 큰 문제는 방대한 데이터 의존성이다. 딥시크는 정확한 응답을 생성하기 위해 대규모 데이터셋을 필요로 하지만, 데이터의 편향성과 불완전성이 모델의 신뢰성과 활용도를 제한할 수 있다. 또한, 이러한 데이터 집약적 특성은 확장성과 저장 문제를 초래하며, 지속적인 학습을 위한 높은 비용과 에너지 소비가 요구된다. 이는 AI의 지속 가능성에 대한 중요한 질문을 던진다.

딥시크는 다국어 처리에 강점을 보이지만, 맥락적 이해 부족으로 인해 미묘한 문화적 차이와 관용 표현을 오해할 가능성이 있다. 이와 함께, 딥시크의 배포에는 고성능 컴퓨팅 클러스터와 GPU 같은 고급 인프라가 필수적이므로, 이러한 자원을 확보하지 못한 지역에서는 활용이 제한될 수 있다. 결과적으로, 이러한 기술적 장벽은 글로벌 AI 접근성을 저해하고, 기술 격차를 더욱 심화시킬 위험이 있다. 또한, AI 모델 운영의 환경적 비용도 중요한 이슈다. 딥시크는 연산 효율성을 최적화했지만, 대규모 모델을 유지하는 데 필요한 전력 소비는 여전히 상당하기 때문에 지속 가능성을 고려한 에너지 절감 방안을 모색해야 한다.

딥시크의 연속적 학습 시스템도 이점이자 동시에 위험 요소다. 실시간 학습을 통해 적응할 수 있는 능력을 갖췄지만, 새로운 데이터에 포함된 편향이나 오류를 무분별하게 학습할 가능성이 있다. 따라서 모델의 신뢰성을 유지하려면 철저한 검토와 지속적인 조정이 필요하다.

창의성과 추론 능력의 한계도 딥시크의 단점 중 하나다. 딥시크는 구조적 데이터를 처리하고 패턴을 인식하는 데 뛰어나지만, 예술, 철학, 창작과 같은 감성적·문화적 요소가 강한 영역에서는 인간의 창의성을 재현하기 어렵다. 이는 AI가 논리적 분석을 넘어 창의적 문제 해결을 수행하는 데 근본적인 한계를 가질 수 있음을 의미한다.

딥시크는 중국의 데이터 생태계에 최적화되어 있어, 글로벌 적응성에 대한 의문이 제기된다. 중국은 방대한 데이터와 유연한 규제 환경을 활용해 AI를 발전시켰지만, 이를 국제적으로 배포할 경우 각국의 데이터 보호법과 규제에 맞춰야 하는 과제가 남아 있다. 이러한 적응 과정에서 모델의 효율성이 저하될 가능성이 있으며, 이는 딥시크의 글로벌 확장 전략에 중요한 고려 사항이 될 것이다.

마지막으로, AI 모델의 투명성과 설명 가능성 부족은 딥시크뿐만 아니라 AI 전반에서 해결해야 할 핵심 과제다. AI의 의사 결정 과정을 명확히 설명할 수 없으면, 의료·국가 안보·정책 결정 같은 민감한 분야에서 불신을 초래할 수 있다. 따라서, AI의 신뢰성을 높이기 위해서는 해석 가능성을 보완할 기술적 개선이 필요하다. 이러한 한계에도 불구하고, 딥시크는 AI 기술을 발전시키는 중요한 역할을 하고 있다. 이러한 도전 과제를 극복하는 과정에서 모델은 더욱 정교해질 것이며, AI의 발전을 가속화하는 촉매제가 될 수 있다. AI의 지속 가능성, 데이터 품질, 글로벌 확장성을 개선하는 것이 앞으로 딥시크가 풀어야 할 핵심 과제가 될 것이다.

◆ 데이터 학습의 한계와 편향성 문제

AI는 방대한 데이터 학습을 기반으로 동작하지만, 데이터의 한계로 인해 학습된 모델이 편향되거나 불완전한 정보를 제공할 가능성이 크다.

편향된 데이터 문제

- AI 모델이 학습하는 데이터가 특정 문화, 인종, 성별 등에 편향된 경우, AI의 판단 역시 편향될 수 있다.

- AI 채용 시스템이 특정 인종이나 성별을 차별하는 결과를 도출하거나, AI 법률 시스템이 기존의 편향된 판례를 그대로 답습하는 사례가 발생했다.

데이터 품질과 최신성 문제

- AI 모델이 학습한 데이터가 오래된 경우, 변화하는 환경을 반영하지 못하고 오류를 일으킬 가능성이 크다.
- 경제 · 정치 · 사회 이슈가 빠르게 변화하는 상황에서, AI가 오래된 데이터를 기반으로 판단할 경우 잘못된 예측을 제공할 가능성이 있다.

학습되지 않은 데이터 처리 한계

- AI는 훈련된 범위를 벗어난 데이터를 해석하거나 예측하는 능력이 부족하다.
- 인간은 직관과 경험을 활용해 새로운 문제를 해결할 수 있지만, AI는 기존에 학습한 데이터가 없으면 적절한 대응을 하지 못하는 한계가 있다.

◆ 높은 연산 비용과 자원 소모 문제

AI 모델, 특히 초거대 AI 모델은 엄청난 연산 자원과 전력을 소비하며, 이는 AI 기술의 확산을 제한하는 요소가 된다.

고성능 하드웨어 의존도

- GPT-4, 딥시크(DeepSeek) 같은 대형 AI 모델은 수천 개의 GPU를 사용하여 학습되며, 이를 운영하는 데 막대한 비용이 발생한다.

- AI 기술은 소수의 대기업과 일부 국가가 독점하는 구조가 형성되며, AI 기술 격차가 심화될 가능성이 있다.

전력 소비 문제

- AI 데이터 센터는 엄청난 양의 전력을 소모하며, 이는 환경 문제 및 지속 가능성 문제를 야기한다.

- 초거대 AI 모델이 증가할수록 데이터센터 운영 비용이 증가하고, 탄소 배출량이 늘어나면서 AI의 친환경적 발전이 중요한 이슈로 떠오르고 있다.

◆ 신뢰성과 안전성 문제

AI의 결정이 언제나 올바르다고 가정할 수 없으며, 잘못된 판단이 발생했을 때 이를 통제할 수 있는 방법이 부족하다. 그러므로 AI의 역할과 인간의 역할을 어떻게 조율할 것인가에 대한 논의가 필요하다.

AI의 할루시네이션(Hallucination) 문제

- AI는 자신이 모르는 정보를 생성해낼 때, 허위 정보를 사실처럼 만들어내는 경우가 빈번하게 발생한다.

- AI가 존재하지 않는 연구 논문을 인용하거나, 가짜 뉴스를 사실인 것처럼 답변하는 문제가 보고되고 있다.

의사결정의 불투명성 (블랙박스 문제)

- AI 모델은 수많은 변수와 가중치를 통해 결정을 내리지만, 왜 특정 결정을 내렸는지 설명

하기 어렵다.

- 의료, 금융, 법률 분야에서 AI가 인간보다 높은 정확도를 보일지라도, 의사결정 과정이 불투명하면 신뢰를 얻기 어렵다.

AI 오작동 및 안전 문제

- AI가 오작동하여 사고를 일으키거나, AI 의료 진단 시스템이 잘못된 처방을 내리는 등 AI의 오류가 실제 생명과 직결될 가능성이 있다.

- AI의 예측이 99% 정확하더라도, 나머지 1%의 오류가 치명적인 결과를 초래할 수 있다.

AI의 결정에 대한 법적 책임 문제

- AI가 잘못된 진단을 내리거나, 문제가 발생됐을 때, 그 책임을 AI 개발자, AI 사용자, AI 시스템 중 누구에게 물어야 하는지 명확하지 않다.

- AI 기술이 실제로 실생활에 도입될 때, 법적·윤리적 논란을 유발하는 요소가 된다.

◆ 창의적 사고 부족과 비논리적 답변 문제

AI는 인간이 제공한 데이터를 학습하여 패턴을 분석하지만, 창의적 사고나 직관적인 판단에서는 한계를 보인다.

논리적 오류 및 비일관적 답변

- AI 모델은 맥락을 완벽하게 이해하지 못하고, 논리적으로 일관되지 않은 답변을 제공하는 경우가 많다.

- 같은 질문을 다르게 표현하면 다른 답변을 내놓거나, 질문에 대한 핵심을 이해하지 못하는 문제가 발생할 수 있다.

창의적 문제 해결 능력 부족

- AI는 기존 데이터를 조합하여 새로운 결과를 생성하는 능력이 있지만, 완전히 새로운 개념을 창조하거나, 예술적 감각이 필요한 작업에서는 한계를 보인다.
- AI가 창작한 소설, 음악, 그림은 기존 데이터를 조합한 것이며, 완전히 새로운 형태의 창작물을 만들어내는 것은 어렵다.

공감 능력 및 감정 이해 부족

- AI는 인간의 감정을 분석할 수 있지만, 실제로 감정을 느끼거나 공감하는 능력이 부족하다. 그러므로 AI 기반 상담, 의료, 교육 분야에서 한계점으로 작용할 수 있다.

AI가 더욱 발전하기 위해서는 데이터 편향 문제 해결, 연산 비용 절감, 창의적 사고 능력 강화, 신뢰성과 안전성 개선, 법적 책임 체계 마련이 필요하다. 현재 AI는 강력한 분석 도구로 활용될 수 있지만, 완벽하지 않으며, 인간의 감각과 직관을 완전히 대체할 수 없는 기술적 한계를 가진다.

따라서, AI 기술을 더욱 발전시키려면 보다 신뢰할 수 있는 AI 모델 개발, 데이터 품질 향상, 윤리적 가이드라인 마련이 필수적이며, AI와 인간이 협력하는 방향으로 기술을 발전시켜야 할 것이다.

프라이버시 및 감시 우려

AI 기술이 발전하면서 프라이버시 침해와 감시 사회로의 전환에 대한 우려가 커지고 있다. AI 기반 감시 시스템은 공공 안전을 강화하는 장점이 있지만, 개인의 사생활을 침해하고 정부와 기업이 시민을 감시·통제하는 도구로 악용될 가능성이 크다. 특히, 안면 인식 기술과 빅데이터 분석이 결합되면서, 개인의 이동 경로, 행동 패턴, 심지어 감정 상태까지 추적할 수 있는 수준에 이르렀다.

중국은 AI를 활용한 감시 시스템을 적극적으로 운영하고 있으며, 사회 신용 시스템을 통해 국민 개개인의 행동을 평가하는 정책을 시행하고 있다. 이는 범죄 예방과 공공 질서 유지의 장점이 있지만, 반대로 정부의 권위주의적 통제를 강화하고 표현의 자유를 억압하는 수단으로 활용될 위험이 있다. 서구 국가에서도 AI 감시 시스템이 확대되고 있으며, 기업과 정부가 대량의 사용자 데이터를 수집하고 분석하여, 이를 광고, 마케팅, 법 집행 등의 목적으로 활용하는 문제가 제기되고 있다.

특히, AI 챗봇과 스마트 기기가 사용자의 대화를 수집하고 이를 기업 데이터베이스에 저장하는 방식이 일반화되면서, 개인이 온라인과 오프라인에서 남기는 모든 데이터가 감시 대상이 될 수 있다는 우려가 커지고 있다. 이러한 문제를 해결하기 위해 유럽연합(EU)은 **GDPR(일반 데이터 보호 규정)**을 통해 데이터 보호를 강화하고 있으며, 미국과 한국 등도 AI를 이용한 개인정보 수집에 대한 법적 규제를 마련하고 있다.

AI 기술이 발전하면서 프라이버시 침해와 감시 사회로의 전환에 대한 우려가 점점 커지고 있다. AI 기반 감시 시스템은 공공 안전을 강화하고 범죄 예방에 기여할 수 있는 장점이 있지만, 개인의 사생활을 침해하고 정부와 기업이 시민을 감시·통제하는 도구로 악용될 가능성이 크다. 특히, 안면 인식 기술과 빅데이터 분석이 결합되면서, 개인의 이동 경로, 행동 패턴, 심지어 감정 상태까지 추적할 수 있는 수준에 이르렀다. 중국은 AI를 활용한 감시 시스템을 가장 적극적으로 운영하는 국가 중 하나로, 전국에 5억 개 이상의 감시 카메라를 설치하고 실시간 안면 인식을 통해 시민의 행동을 감시하는 '사회 신용 시스템'을 구축하고 있다.

이 시스템은 공공 질서 유지와 범죄 예방의 목적을 가지고 있지만, 반대로 정부의 권위주의적 통제를 강화하고 표현의 자유를 억압하는 수단으로 활용될 위험성이 크다. 반면, 서구 국가들도 AI 감시 기술을 채택하고 있으며, 경찰이 범죄 예방을 위해 AI 기반 예측 분석(Pre-Crime AI)을 활용하거나, 기업이 사용자 데이터를 수집하여 맞춤형 광고와 마케팅에 활용하는 문제가 제기되고 있다.

특히, AI 챗봇과 스마트 기기(스마트폰, 스마트 스피커, CCTV 등)가 사용자의 음성, 텍스트, 행동 패턴을 분석하고, 이를 기업 데이터베이스에 저장하는 방식이 일반화되면서, 개인이 온라인과 오프라인에서 남기는 모든 데이터가 감시 대상이 될 수 있다는 우려가 커지고 있다. 예를 들어, 아마존의 '알렉사(Alexa)'와 구글의 '구글 어시스턴트(Google Assistant)' 같은 음성 인식 AI가 사용자의 대화를 지속적으로 수집하고 분석하는 방식이 논란이 되고 있으며, 일부 국가에서는 AI를 활용한 무차별 감시가 민주주의를 위협할 수 있다는 비판도 나오고 있다.

이러한 문제를 해결하기 위해 유럽연합(EU)은 "GDPR(일반 데이터 보호 규정)"을 통해 기업의 데이터 수집과 활용을 엄격히 규제하고 있으며, 미국도 AI 기업들의 개인 정보 수집 방식에 대한 조사와 법적 규제를 강화하고 있다. 국내 역시 AI 윤리 가이드라인을 제정하고 공공기관 및 기업의 AI 활용 범위를 제한하는 방향으로 정책을 조정하고 있다. 그러나 AI 감시 기술의 발전 속도가 규제보다 빠르게 진행되면서, 법적 장치만으로는 프라이버시 보호가 어렵다는 한계를 들어내고 있다.

예를 들어, 딥페이크 기술과 AI 기반 해킹이 발전하면서, 개인의 신원 도용과 정보 조작 위험이 증가하고 있으며, AI가 사회적 프로파일링(Social profiling)을 통해 특정 계층이나 집단을 차별할 가능성도 제기되고 있다. 또한, 일부 기업과 정부 기관은 개인정보 보호 규제를 회피하기 위해 데이터를 국외로 이전하거나, AI 기술을 '비공식적인 감시 도구'로 사용하는 편법을 시도하기도 한다. 따라서, AI 기반 감시 기술이 공공 안전과 사생활 보호 사이에서 균형을 유지할 수 있도록, 기술적 · 법적 · 윤리적 조치가 함께 논의되어야 한다.

향후, AI 기술이 더욱 발전하면서, 감시 사회로의 전환을 막기 위한 국제적인 데이터 보호 협약이 필요하며, AI 기업들은 투명한 데이터 사용 정책을 마련해야 한다. 또한, 시민들이 자신의 데이터를 통제할 수 있는 "데이터 주권(Data sovereignty)" 개념을 도입하여, AI 감시 기술이 개인의 권리를 침해하지 않도록 보호하는 방안도 적극적으로 고려해야 할 것이며, AI가 가져올 감시의 위험성을 경계하면서도, 공공 안전과 개인정보 보호가 조화를 이루는 방향으로 AI 정책과 기술이 발전해야 할 것이다.

🐋 AI가 가져올 경제 및 노동 시장의 변화

AI 기술의 발전은 경제 구조를 재편하고 노동 시장에 거대한 변화를 초래하고 있다. AI는 생산성을 높이고, 기업 운영을 효율화하며, 새로운 비즈니스 모델을 창출하는 등 경제 성장에 기여하지만, 동시에 일자리 감소, 직업의 변화, 소득 불평등 심화 등 노동 시장의 구조적 변화를 불러오고 있다. AI 자동화가 제조업, 서비스업, 금융, 의료 등 다양한 산업에 도입되면서 반복적인 업무를 수행하는 직업들은 점차 AI와 자동화 시스템으로 대체되고 있으며, 인간이 수행해야 하는 일의 성격도 변화하고 있다.

◆ AI 자동화로 인한 일자리 감소와 직업 구조 변화

AI는 단순 반복 작업뿐만 아니라, 데이터 분석, 고객 상담, 법률 검토, 의료 진단, 회계 업무 등 고도화된 직군에도 영향을 미치면서 노동 시장의 판도를 바꾸고 있다.

- **자동화로 대체되는 직업** 콜센터 상담원, 공장 생산직, 은행 창구 직원, 물류 및 운송업, 기본적인 법률·회계 업무 담당자 등은 AI 기반 챗봇, 로봇 자동화(RPA), 데이터 분석 AI 등으로 대체될 가능성이 크다.

- **AI와 협업해야 하는 직업** AI를 활용한 업무 최적화가 이루어지면서, 데이터 분석가, AI 엔지니어, 로봇 운영자, 디지털 마케팅 전문가 등 AI 활용 역량이 필요한 직군이 증가할 것이다.

- **창의적·감성적 직업의 중요성 증가** AI가 창의적 사고나 감성적 판단이 필요한 업무를 수행하는 데 한계를 보이면서, 예술, 교육, 심리 상담, 복지 서비스 등 인간 중심 직업군이 더욱 중요해질 가능성이 크다.

◆ AI가 창출하는 새로운 경제 기회와 산업 변화

AI는 기존 직업을 대체하는 동시에, 새로운 산업과 경제적 기회를 창출하고 있다.

- **AI 기반 산업의 성장** 자율주행차, 로봇 프로세스 자동화(RPA), 의료 AI, 핀테크, AI 기반 콘텐츠 제작 등 AI가 중심이 되는 새로운 산업이 성장하고 있으며, 관련 분야에서 새로운 일자리가 생겨나고 있다.

- **기업 운영 방식의 변화** AI는 기업의 경영 전략 수립, 시장 분석, 고객 맞춤형 서비스 제공을 자동화하여 기업의 생산성을 극대화하며, 이는 고객 중심의 새로운 비즈니스 모델을 탄생시키고 있다.

- **디지털 경제의 확산** AI는 전자상거래, 디지털 금융, 블록체인 기반 비즈니스 등과 결합하여 새로운 형태의 디지털 경제를 확산시키고 있으며, 노동의 형태도 기존의 정규직 중심에서 프리랜서, 플랫폼 노동, 원격 근무로 변화하고 있다.

◆ AI로 인한 소득 불평등 심화와 정책 대응 필요성

AI 기술의 확산은 기술을 소유한 기업과 노동자 간의 소득 격차를 확대하는 요인으로 작용할 가능성이 크다.

- **AI 활용 기업과 전통 산업 간 격차** AI를 적극 도입한 기업들은 생산성을 극대화하여 높은 수익을 창출하는 반면, AI 활용이 어려운 전통 산업과 중소기업은 경쟁에서 뒤처질 가능성이 크다.

- **고숙련 노동자와 저숙련 노동자 간의 격차** AI를 활용할 수 있는 데이터 과학자, 머신러닝 엔지니어 등 고숙련 인력의 가치는 상승하는 반면, AI에 의해 대체될 가능성이 높은 저숙련 노동자들은 실업 위기에 처할 가능성이 크다.

- **정부 및 사회적 대응 필요** AI가 초래하는 노동 시장의 변화를 완화하기 위해, 정부는 AI

교육 확대, 직업 재교육(Reskilling), 기본소득 도입 검토 등의 정책을 마련할 필요가 있다.

◆ AI 시대, 노동 시장의 변화에 대한 대비 필요

AI는 경제와 노동 시장에 막대한 영향을 미치며, 일자리 감소와 창출이 동시에 진행되는 가운데, 개인과 기업, 정부가 이에 대비해야 하는 상황이다. 기업은 AI를 활용한 혁신 전략을 수립해야 하고, 개인은 AI와 협업할 수 있는 역량을 키워야 하며, 정부는 노동 시장의 변화를 완화하고 새로운 기회를 창출하기 위한 정책적 지원을 확대해야 한다.

향후, AI가 더욱 정교해질수록, 일자리의 성격이 'AI에 의해 대체되는 일'에서 'AI와 협력하는 일'로 변화할 가능성이 크며, 이에 따라 인간의 역할을 재정의하는 사회적 논의가 필요할 것이다.

AI와 인간의 공존 문제

AI 기술이 빠르게 발전하면서 AI와 인간이 어떻게 공존할 것인가에 대한 논의가 본격적으로 이루어지고 있다. AI는 이미 의료, 금융, 교육, 제조업, 콘텐츠 제작 등 다양한 분야에서 인간의 역할을 대체하거나 보완하는 방식으로 활용되고 있으며, 앞으로도 AI의 영향력은 더욱 커질 것으로 예상된다. 그러나 AI가 인간의 삶을 더욱 편리하게 만드는 동시에 인간의 일자리를 위협하고, 인간 고유의 역할을 축소하며, 인간과 AI 간의 관계를 새롭게 정의해야 하는 과제를 남기고 있다.

AI가 인간과 협력하여 발전할 것인지, 아니면 AI가 인간을 점점 대체하면서 불평등을 심화할 것인지에 대한 전망은 아직 명확하지 않으며, 기술의 발전과 함께 인간 사회가 AI를 어떻게 받아들이고 활용할 것인가에 대한 사회적 합의와 대비책이 필요하다.

◆ AI와 인간의 역할 변화

AI가 인간의 능력을 보완하는 도구로 활용될 경우, AI와 인간의 협업이 핵심적인 요소가 될 것이다. AI는 대량의 데이터를 분석하고, 반복적인 업무를 자동화하며, 인간이 놓칠 수 있는 패턴을 발견하는 데 강점을 가지고 있다. 반면, 인간은 창의적 사고, 직관적 판단, 도덕적 결정을 내리는 데 강점이 있으므로, AI와 인간의 역할이 상호보완적으로 구성될 필요가 있다.

AI는 의료 분야에서 질병을 조기에 진단하고 치료법을 추천하는 역할을 하되, 최종적인 의사 결정은 인간 의사가 맡는 방식으로 협업이 가능하다. 또한, AI가 자동화할 수 없는 창의적 직업(예술, 문학, 연구)이나 감성적 교류가 필요한 분야(심리 상담,

교육, 돌봄 서비스)에서 인간의 역할은 더욱 중요해질 가능성이 크다.

◆ AI와 인간의 경쟁: 일자리 위협과 직업의 변화

AI가 발전하면서, 기존의 일자리가 대체될 가능성이 커지고 있으며, 인간의 노동 시장이 재편될 것이라는 우려가 커지고 있다. 반복적이고 정형화된 업무는 점차 AI가 담당하게 되면서, 콜센터 상담원, 공장 생산직, 은행 창구 직원, 기본적인 법률·회계 업무 등은 AI에 의해 대체될 가능성이 높아지고 있다. 반면, AI 기술을 활용하고 관리하는 직군(데이터 과학자, AI 윤리 전문가, 로봇 공학자 등)의 수요는 증가할 것이며, 인간이 AI와 협업하는 방식으로 직업이 변화할 것으로 보인다.

이에 따라, 정부와 기업은 노동 시장의 변화에 대비하여 재교육(Reskilling) 및 직업 전환 지원 정책을 마련해야 하며, 개인도 AI와 협력할 수 있는 역량을 갖추는 것이 중요해지고 있다.

◆ AI와 의존도 증가와 인간성의 약화 우려

AI가 인간의 일상과 의사 결정 과정에 깊숙이 개입하면서, 인간이 AI에 과도하게 의존하게 될 경우, 인간 고유의 사고력과 창의력이 약화될 가능성이 있다. 예를 들어, AI가 대량의 정보를 분석하여 결정을 추천할 경우, 인간이 이를 비판적으로 검토하지 않고 AI의 판단을 맹목적으로 따르게 될 위험성이 존재한다. 특히, AI가 생성하는 콘텐츠(기사, 음악, 영상 등)가 증가하면서, 인간의 창의적 사고가 축소될 가능성도 제기되고 있다.

또한, AI가 감정 분석 및 소셜 네트워크 상호작용을 통해 인간과의 관계를 형성하는 경우, 인간이 AI와 정서적으로 유대감을 느끼면서, 대인관계 형성이 약화될 가능성도 논의되고 있다. 이러한 문제를 해결하기 위해서는 AI가 인간의 사고력을 보완하는 도구로 사용되도록 설계하고, 인간의 주도적 판단과 결합하는 방식으로 활용하는 것이 중요하다.

◆ AI와 윤리적 문제: AI의 자율성과 책임 소재

AI가 인간과 공존하는 과정에서, AI가 스스로 결정을 내리는 수준까지 발전하게 될 경우, AI의 윤리적 책임 문제가 중요한 이슈로 떠오르고 있다. 예를 들어, **자율주행차가 사고를 냈을 때, AI의 판단이 잘못되었을 경우 그 책임은 누구에게 있는가? AI 개발자, 운영자, 사용자 중 누가 법적·윤리적 책임을 져야 하는가?**라는 문제가 발생할 수 있다.

또한, AI가 학습하는 데이터가 편향되어 있을 경우, AI가 인종·성별·사회적 지위에 따라 차별적인 결정을 내릴 가능성이 있으며, 이는 사회적 불평등을 더욱 심화시킬 위험성이 있다. 따라서, AI와 인간이 공존하기 위해서는 AI의 투명성을 높이고, AI가 내린 결정의 과정을 설명할 수 있도록 '설명 가능한 AI(Explainable AI)' 기술을 발전시키며, AI 윤리 기준을 강화하는 노력이 필요하다.

◆ AI와 인간의 공존을 위한 방향: 균형과 통제의 필요성

AI와 인간이 공존하는 사회를 만들기 위해서는 AI 기술의 발전과 인간의 가치가 균형을 이루도록 통제할 필요가 있다. AI가 단순히 효율성을 극대화하는 도구로만 사용될 경우, 인간 중심의 사고와 가치관이 희석될 위험성이 있으며, 기술 발전이 인간의 삶을 향상시키기보다는 오히려 인간성을 약화시킬 가능성이 있다. 따라서, AI가 인간의 삶을 보완하고 지원하는 방향으로 발전할 수 있도록 정책과 기술 개발이 이루어져야 한다.

이를 위해, 정부는 AI 윤리 가이드라인을 마련하고, 기업은 AI의 책임성과 투명성을 보장하며, 개인은 AI 기술을 비판적으로 이해하고 활용하는 능력을 갖출 필요가 있다.

◆ 인간 중심의 AI 발전이 필수적

AI와 인간이 공존하는 사회를 만들기 위해서는 기술이 인간을 대체하는 것이 아니라, 인간의 가치를 증대시키는 방향으로 발전해야 한다. AI는 인간의 능력을 보완하고 협력하는 역할을 수행해야 하며, AI가 윤리적으로 설계되고 공정하게 활용될 수 있도록 글로벌 차원의 논의와 정책 조정이 필수적이다.

궁극적으로, AI와 인간의 조화로운 공존을 위해서는 AI를 단순한 도구가 아닌, 인간과 협력하는 '파트너'로 인식하는 사고방식이 필요하며, 이를 위한 법적 · 윤리적 · 사회적 대응책이 마련되어야 할 것이다.

AI의 오용과 악용 가능성

AI 기술이 발전하면서 범죄, 정치적 조작, 개인정보 침해, 군사적 악용 등 다양한 방식으로 악용될 가능성이 커지고 있다. AI는 인간의 삶을 편리하게 만들고 경제를 혁신하는 도구로 활용될 수 있지만, 동시에 사회적 혼란을 초래하거나, 민주주의와 국가 안보를 위협하는 무기로 사용될 가능성도 존재한다.

특히, 딥페이크, AI 기반 사이버 공격, 알고리즘 조작, AI 무기화 등 AI 오용 사례가 늘어나면서, AI 기술의 윤리적 규제와 책임 소재 문제에 대한 논의가 본격화되고 있다. AI의 악용 가능성을 방지하지 못한다면, 기술 발전이 사회적 불안을 초래할 수 있으며, 이는 AI 기술의 신뢰성을 저하시킬 수 있는 심각한 문제로 이어질 수 있다.

◆ 딥페이크(Deepfake)와 가짜 뉴스: 정보 조작과 민주주의 위협

딥페이크 기술은 AI가 사람의 얼굴, 목소리, 움직임을 조작하여 실제와 구분하기 어려운 가짜 영상과 음성을 생성하는 기술이다.

- **정치적 목적의 여론 조작** 선거 기간 중 정치인의 발언이나 행동을 조작하여 가짜 영상을 만들어 유권자를 속이거나, 허위 정보를 퍼뜨려 정치적 혼란을 유발하는 사례가 증가하고 있다.

- **기업 및 유명인 사칭** AI가 생성한 가짜 영상이 유명 인사나 기업 CEO의 이미지에 악영향을 미치고, 브랜드 신뢰도를 떨어뜨리는 도구로 활용될 위험이 있다.

- **사이버 범죄 및 협박** AI를 이용해 누군가의 얼굴을 합성하여 가짜 음란물이나 불법 영상을 제작하는 등의 디지털 성범죄가 증가하고 있으며, 이는 심각한 인권 침해 문제로 이어질 수 있다.

| 서양 여자 얼굴을 동양 여자 얼굴로 딥페이크한 모습_출처: http://pentapost.net

◆ AI 기반 사이버 공격과 금융 사기 증가

AI는 해커들이 더 정교한 사이버 공격을 수행하는 도구로 악용될 수 있다.

- **AI 기반 피싱(Phishing) 공격** AI가 개인 정보를 분석하여 피해자의 행동 패턴을 학습한 후, 보다 정교한 피싱 이메일이나 가짜 웹사이트를 제작하여 금융 사기를 유도하는 사례가 늘어나고 있다.

- **딥러닝을 활용한 해킹** AI는 보안 시스템을 자동으로 분석하고, 보안 취약점을 찾아내어 해킹하는 데 활용될 수 있으며, 이는 기업과 국가 기관의 데이터 유출을 초래할 수 있다.

- **AI 봇을 이용한 금융 조작** 주식 시장에서는 AI를 활용한 초고속 자동매매 시스템이 가격 조작 및 시장 교란을 일으킬 가능성이 있으며, 암호화폐 시장에서도 AI 기반 해킹 및 불법 트랜잭션이 증가하고 있다.

◆ AI 알고리즘 조작과 차별적 의사 결정

AI 알고리즘이 특정 그룹이나 개인을 차별하거나 조작할 경우, 사회적 불평등을 심화시키고, 특정 계층에 불리한 결과를 초래할 수 있다.

- **AI의 편향된 의사 결정** AI는 학습한 데이터에 따라 채용, 대출 심사, 법률 판결, 의료 진단 등의 분야에서 특정 인종, 성별, 계층을 차별할 가능성이 있다.

- **추천 알고리즘을 통한 정보 왜곡** AI가 특정 뉴스나 콘텐츠를 의도적으로 추천할 경우, 사용자들이 객관적인 정보를 접하기 어려워지고, 특정 정치적 견해나 기업 이익에 맞춰 여론이 조작될 가능성이 있다.

- **소셜 미디어 조작 및 여론 통제** AI는 자동으로 가짜 계정을 생성하여 소셜 미디어에서 특정 이슈에 대한 허위 정보를 퍼뜨리고, 특정 의견을 확산시키는 "봇(Bot) 네트워크"를 구축하는 데 활용될 수 있다.

◆ AI 무기화와 군사적 악용 가능성

AI가 전쟁과 군사 기술에 활용될 경우, 자율 무기 시스템(Autonomous weapons)이 인간의 개입 없이 전쟁을 수행하는 시대가 올 가능성이 있다.

- **AI 기반 자율 살상 무기** AI가 자동으로 목표를 식별하고 공격하는 드론과 로봇 병기가 개발되면서, 인간의 개입 없이 전쟁을 수행하는 무기가 등장할 위험이 커지고 있다.

- **AI 기반 사이버전** AI는 적국의 전력망, 통신망, 금융 시스템 등을 공격하는 사이버전의 핵심 도구로 활용될 수 있으며, 이는 국가 안보에 심각한 위협이 될 수 있다.

- **AI를 이용한 정보전(Information warfare)** AI는 적국의 정보 시스템을 교란하거나, 허위 정보를 퍼뜨려 심리전을 수행하는 도구로 사용될 수 있으며, 이는 국제 갈등을 심화시킬 위험이 있다.

◆ AI의 오용을 방지하기 위한 법적·윤리적 대응 필요

AI 기술의 악용을 방지하기 위해, 국제적인 AI 규제 및 윤리적 가이드라인 수립이 필수적이다.

- **딥페이크 및 가짜 뉴스 대응** 유럽연합(EU)은 딥페이크 영상에 "AI 생성 콘텐츠"라는 표식을 의무화하는 규정을 도입하고 있으며, 한국과 미국도 AI 기반 허위 정보 유포에 대한 법적 제재를 강화하는 추세다.

- **AI 기반 사이버 보안 강화** 기업과 정부 기관은 AI를 활용한 사이버 공격을 방어하기 위해 AI 기반 보안 시스템을 구축하고, AI 해킹 기술에 대한 대응책을 마련해야 한다.

- **AI 윤리 및 규제 강화** AI의 악용 가능성을 줄이기 위해, 투명한 알고리즘 공개, 공정한 데이터 사용, AI의 자율적 의사 결정 제한 등의 원칙을 국제 사회에서 논의하고 적용하는 것이 필요하다.

- **AI 무기 사용 규제** UN 및 국제 기구에서는 AI 기반 자율 무기의 개발 및 사용을 제한하는 조약을 논의 중이며, AI 무기의 윤리적 사용을 검토하는 국제적 협력이 이루어지고 있다.

◆ AI 기술의 책임 있는 개발과 활용이 필수적

AI 기술이 발전할수록 오용과 악용의 가능성도 커지고 있으며, AI가 사회에 미치는 영향을 최소화하고 윤리적 사용을 보장하는 것이 중요하다. AI가 인간의 삶을 개선하는 방향으로 발전하기 위해서는 개발자, 기업, 정부, 국제 사회가 협력하여 AI의 윤리적 규범을 확립하고, 악용 사례를 방지하기 위한 법적·기술적 대응을 강화해야 하며, AI 기술을 악용하는 행위에 대한 법적 처벌을 강화하고, AI의 투명성과 공정성을 확보하는 것이 AI와 인간이 안전하게 공존하는 미래를 만드는 핵심 요소가 될 것이다.

06
AI와 미래 사회

120　AI가 주도하는 미래 사회의 모습

122　AI와 인간의 역할 변화

124　AI 거버넌스와 책임 있는 개발

126　AI의 철학적·사회적 의미

128　글로벌 AI 경쟁의 미래, 그리고 딥시크

130　딥시크, 기회인가 위협인가?

134　AI와 인간이 함께 나아갈 방향: 딥시크의 역할

"AI는 인간의 도구로 남을 것인가, 아니면 인간과 공존하는 새로운 존재가 될 것인가?"

AI 기술이 급격히 발전하면서, 미래 사회의 모습은 지금까지 인류가 경험한 그 어떤 혁신보다도 빠르고 근본적인 변화를 맞이할 가능성이 크다. AI는 이미 경제, 노동, 교육, 의료, 문화, 국가 안보 등 사회 전반에 걸쳐 영향을 미치고 있으며, 인간의 삶의 방식과 가치관까지 변화시키고 있다. 그러나 AI가 가져올 미래는 단순한 기술 혁신을 넘어, 인간과 AI가 어떤 관계를 형성할 것인지, AI가 인간 사회에 긍정적인 역할을 할 것인지, 아니면 인간성을 위협할 것인지에 대한 근본적인 질문을 던지고 있다.

미래 사회에서 AI는 기술 발전을 넘어, 인간의 역할과 사회 구조를 새롭게 정의하는 중요한 요소가 될 것이다. AI가 인간의 노동을 대체하는 동시에 새로운 직업을 창출하고, 개인 맞춤형 교육과 의료를 제공하며, 인간의 창의성과 협력하여 새로운 가치를 만들어낼 수도 있다. 반면, AI가 사회적 불평등을 심화시키고, 인간의 주도권을 약화시키며, 프라이버시 침해와 같은 새로운 윤리적 문제를 야기할 가능성도 있다.

이 장에서는 AI가 만들어갈 미래 사회의 변화와 도전 과제, 그리고 AI와 인간이 공존하는 방향에 대해 탐구한다. AI가 단순한 기술적 도구가 아니라, 인간 사회의 핵심 요소로 자리 잡게 될 미래를 준비하기 위해, 우리는 AI와 어떻게 협력하고 이를 어떤 방향으로 발전시킬 것인지 깊이 고민해야 할 것이다.

AI가 주도하는 미래 사회의 모습

AI가 주도하는 미래 사회는 초개인화(Personalization), 자동화(Automation), 인간-기계 협업(Human-Machine collaboration), 그리고 지능형 의사결정(Intelligent decision making)의 확산을 특징으로 할 것이다. AI는 이미 헬스케어, 금융, 교육, 스마트 도시, 국방 등 다양한 산업에서 핵심적인 역할을 수행하고 있으며, 향후 발전 속도는 더욱 가속화될 전망이다.

개인화된 AI 비서(PLAM: Personal Large Action Model)는 사용자의 행동 패턴과 선호도를 학습하여 스케줄 관리, 건강 모니터링, 재무 계획, 개인 맞춤형 학습 설계까지 전방위적인 역할을 수행하게 될 것이며, 이는 인간의 생산성을 극대화하고 삶의 질을 개선하는 핵심 요소가 될 것이다. 특히, 의료 분야에서는 AI가 병원 진료 기록과 유전자 데이터를 분석하여 질병을 조기 발견하고 맞춤형 치료법을 추천하는 역할을 하면서, 인간의 평균 수명을 4~5년 연장하는 효과를 가져올 것으로 전망된다.

AI 기반 가상 의사는 환자의 건강 상태를 실시간으로 모니터링하며, 웨어러블 디바이스와 연동해 심장마비, 뇌졸중과 같은 응급 상황을 사전에 감지하고 즉각적인 대응을 유도하는 기능까지 수행할 수 있다. 교육 분야에서도 AI 튜터링 시스템이 개별 학생의 학습 패턴을 분석하고 최적화된 학습 계획을 제공하며, AI가 교사와 협력하여 학생들의 학습 속도와 이해도를 실시간으로 조정하는 맞춤형 교육 환경을 구축하게 된다.

AI가 금융 시스템에도 깊숙이 들어가면서, AI 알고리즘이 실시간으로 주식 시장의 변동성을 예측하고, 자동으로 최적의 투자 결정을 내리며, 소비자의 금융 패턴을 분석해 개인 맞춤형 금융 상품을 추천하는 등 금융 서비스 전반이 자동화될 것이다.

AI 기반 스마트 도시는 교통 흐름을 최적화하고, 에너지 사용을 효율적으로 조절하며, 실시간으로 범죄 위험을 예측하여 도시 안전성을 높이는 방향으로 발전할 것이다. 자율주행 차량과 AI 기반 물류 시스템이 보편화되면서, 배송 서비스와 대중교통이 완전 자동화되고, 스마트 공항·항만 시스템이 구축되어 글로벌 물류의 효율성을 극대화할 것이다.

그러나 AI의 이러한 발전이 반드시 긍정적인 방향으로만 진행되는 것은 아니다. AI가 일자리를 대체하면서 기존 노동 시장이 급격하게 변화하고, AI 기술을 보유한 기업과 그렇지 않은 기업 간의 경제적 격차가 심화될 가능성이 크다. 또한, AI가 의사결정을 내리는 과정에서 윤리적 문제, 데이터 편향, 개인정보 보호 등의 새로운 도전 과제가 부상할 것이며, AI의 자율성이 높아질수록 인간이 기술을 통제할 수 있는 방법에 대한 논의가 필수적이다.

이렇듯 미래 사회에서 AI는 단순한 기술적 도구가 아니라, 인간과 협력하고 사회를 변화시키는 주체로서 기능하게 될 것이며, AI와 인간이 어떻게 공존할 것인가에 대한 윤리적·사회적 합의가 미래 사회의 안정성과 지속 가능성을 결정하는 핵심 요소가 될 것이다.

AI와 인간의 역할 변화

AI 기술이 빠르게 발전하면서, 인간과 AI의 역할이 기존의 "도구적 관계"에서 "협업 관계"로 변화하고 있다. 과거에는 AI가 단순한 자동화 기계의 역할을 수행했다면, 이제는 복잡한 데이터 분석, 의사결정 지원, 창의적 문제 해결, 심지어 감성적 상호작용까지 담당하는 수준으로 발전하고 있으며, 이는 인간이 수행하는 업무의 본질을 변화시키고 있다. AI는 반복적인 업무를 자동화하고, 대량의 데이터를 분석하여 최적의 선택을 제안하는 역할을 맡게 되면서, 인간은 보다 창의적이고 감성적인 작업, 비판적 사고와 윤리적 판단이 요구되는 분야에 집중하게 될 것이다.

AI가 노동 시장에서 차지하는 역할이 확대되면서, 직업의 형태와 노동 시장의 구조 자체가 변화할 것이다. AI 자동화로 인해 단순 반복 작업을 수행하는 직업(콜센터 상담원, 은행 창구 직원, 공장 생산직 등)은 점차 줄어드는 반면, AI를 활용하는 직업(데이터 분석가, AI 윤리 전문가, 로봇 엔지니어, AI 트레이너 등)의 수요는 증가할 것이다. 특히, AI가 정확한 데이터 기반 의사결정을 내리는 역할을 담당하게 되면서, 인간은 창의적 문제 해결, 도덕적 판단, 전략적 사고가 필요한 업무에 집중하는 방향으로 변화할 것이다.

예를 들어, 의료 분야에서는 AI가 방대한 의료 데이터를 분석하여 질병을 조기에 발견하고 최적의 치료법을 추천하는 역할을 하게 되지만, 최종적인 치료 결정과 환자와의 감성적 교류는 인간 의사가 담당하는 방식으로 협업이 이루어질 것이다. 마찬가지로 법률 분야에서도 AI가 판례를 분석하고 법률 문서를 자동으로 생성할 수 있지만, 법적 판단과 윤리적 고려는 변호사와 판사가 수행해야 하는 핵심 역할로 남게 될 것이다.

AI와 인간의 역할 변화는 단순히 직업의 변화에 그치지 않고, 사회적·윤리적 책임의 영역에서도 중요한 도전 과제를 제기한다. AI가 점점 더 자율적으로 행동하는 방향으로 발전하면서, AI의 판단이 오류를 범하거나 예측할 수 없는 결정을 내릴 경우, 그 책임을 인간이 어디까지 부담해야 하는가에 대한 논의가 필요하다. AI 기반 자율주행차가 사고를 냈을 때, 책임은 제조사, 알고리즘 개발자, 운전자 중 누구에게 있는가? AI 기반 의료 시스템이 잘못된 진단을 내렸을 때, 의료진과 AI 개발자 중 누구에게 법적 책임이 있는가? 같은 문제들이 점점 중요해질 것이다.

또한, AI가 의사 결정 과정에서 인간의 감시 없이 독립적으로 판단을 내리는 순간, 인간은 AI가 만들어낸 결과를 맹목적으로 신뢰하는 오류에 빠질 가능성이 있으며, 이는 인간의 비판적 사고 능력을 약화시킬 위험도 존재한다. 미래 사회에서 인간과 AI의 관계는 단순한 종속적 관계가 아니라, "인간 중심의 AI"라는 개념을 바탕으로, AI가 인간을 대체하는 것이 아니라 보완하는 방향으로 발전해야 한다.

AI가 자동화할 수 있는 영역과 인간이 반드시 개입해야 하는 영역을 명확히 구분하는 것이 필요하며, AI가 인간의 창의성과 도덕적 판단을 보완하는 조력자로서 기능할 수 있도록 법적·윤리적 장치를 마련하는 것이 필수적이다. 앞으로 AI가 사회 전반에 걸쳐 더욱 깊이 자리 잡게 될수록 AI와 인간의 역할을 조율하는 방식이 미래 사회의 안정성과 지속 가능성을 결정하는 중요한 요소가 될 것이다.

AI 거버넌스와 책임 있는 개발

AI 기술이 사회 전반에 걸쳐 빠르게 확산되면서, AI의 공정성, 투명성, 윤리적 문제를 다루기 위한 거버넌스(지배구조)와 책임 있는 개발의 필요성이 더욱 커지고 있다. AI가 인간의 삶과 경제를 변화시키는 도구로 자리 잡았지만, 잘못된 알고리즘 설계, 데이터 편향, 불투명한 의사결정, 개인정보 침해, 악의적 오용 등 다양한 위험 요소가 존재한다. 이에 따라, AI 기술이 책임감 있게 개발·운영될 수 있도록 글로벌 차원의 규제 및 정책 수립이 필수적이며, AI가 인간의 윤리적 기준을 준수하고 신뢰할 수 있는 방향으로 발전해야 한다는 논의가 활발히 이루어지고 있다.

현재 AI 거버넌스의 핵심 과제는 AI 기술의 윤리적 원칙을 확립하고, 이를 실행할 수 있는 법적·제도적 틀을 마련하는 것이다. 유럽연합(EU)은 AI 규제법(AI Act)을 통해, AI의 위험 수준을 평가하고, 고위험 AI 시스템에 대한 강력한 규제를 도입하는 방향으로 정책을 추진하고 있으며, 미국도 AI 사용의 투명성과 책임성을 강화하는 행정 명령을 발표하면서 AI 기술의 안전한 개발과 활용을 강조하고 있다. 또한, 글로벌 기술 기업들도 자체적으로 AI 윤리 가이드라인을 마련하고, 알고리즘의 공정성과 AI 모델의 설명 가능성을 높이는 방향으로 연구를 진행하고 있다. 하지만 국가별 AI 규제 방식이 다르기 때문에, AI 기술이 국경을 초월하여 사용되는 상황에서 글로벌 차원의 표준화된 거버넌스 체계를 마련하는 것이 가장 중요한 과제가 되고 있다.

책임 있는 AI 개발을 위해서는 AI 시스템의 투명성과 공정성을 보장하는 기술적·법적 접근이 동시에 이루어져야 한다. 기술적 측면에서는 설명 가능한 AI(Explainable AI, XAI) 개념을 도입하여, AI가 내린 결정을 사용자가 이해할 수 있도록 만들고, AI 알고리즘이 편향된 데이터를 학습하지 않도록 철저한 검증 절차를 마련하는 것이 중요하다. 또한, AI의 자율적 판단이 인간의 윤리 기준과 충돌하지 않도록, AI가 특정 결정을 내릴 때 인간이 최종적인 감독과 통제를 수행할 수 있는 안전장치(Human-In-The-Loop 시스템)를 구축하는 것이 필수적이다.

법적 측면에서는 AI 개발자의 책임 범위를 명확히 하고, AI가 법률적·사회적 영향을 미치는 주요 분야(금융, 의료, 법률, 공공 행정 등)에서 AI의 사용을 면밀히 검토하는 규제 프레임워크를 구축하는 것이 필요하다. 그러나 AI 거버넌스가 지나치게 엄격해지면, AI 연구 및 혁신이 위축될 위험이 있기 때문에, 기술 발전과 규제 간의 균형을 유지하는 것도 중요한 과제이다. AI 규제가 너무 강하면 기업과 연구 기관이 혁신적인 AI 기술 개발을 포기하거나 해외로 연구 거점을 이전할 가능성이 있으며, 반대로 AI 규제가 느슨하면 AI 기술이 무분별하게 확산되면서 사회적 부작용이 증가할 위험이 있다. 따라서, AI 거버넌스는 기술 발전을 저해하지 않으면서도 AI의 위험 요소를 최소화할 수 있도록, 민간과 정부, 국제 기구가 협력하는 방식으로 구축되어야 한다.

결국, AI 거버넌스와 책임 있는 개발은 AI 기술이 인간 중심적으로 발전하고, 사회적 가치와 윤리적 기준을 준수하면서 지속 가능한 방향으로 운영될 수 있도록 하는 핵심 원칙이 되어야 한다. AI는 단순한 기술이 아니라, 사회 구조와 인간의 역할을 변화시키는 중요한 요소이므로, 이를 통제하고 활용하는 방식이 미래 사회의 안정성과 윤리적 방향을 결정짓게 될 것이다. 앞으로 AI 기술이 더욱 고도화될수록, 국제 사회는 AI 기술을 효과적으로 관리할 수 있는 협력 체계를 구축하고, 기술 발전과 윤리적 책임이 조화를 이루는 방향으로 AI 정책을 발전시켜야 한다.

AI의 철학적·사회적 의미

AI는 단순한 기술 혁신을 넘어, 인간의 본질과 사회 구조를 재정의하는 중요한 철학적·사회적 질문을 제기하고 있다. AI가 인간의 사고와 결정을 보조하고, 창의적인 작업까지 수행하는 시대가 도래하면서, "인간이란 무엇인가?", "지능과 의식의 본질은 무엇인가?", "기계가 인간의 역할을 대신할 수 있는가?"와 같은 근본적인 철학적 논의가 다시금 부각되고 있다. 인간이 지성을 가진 존재로서 오랜 세월에 걸쳐 축적해 온 경험과 직관, 도덕적 판단이 AI로 대체될 수 있는지, 그리고 AI가 단순한 도구를 넘어 인간과 동등한 존재로 인식될 수 있는지에 대한 문제는 여전히 논쟁의 대상이다.

AI는 인간처럼 학습하고 판단하지만, "의식(Consciousness)"과 "자아(Self-Awareness)"를 갖춘 존재는 아니다. 현재 AI는 빅데이터와 알고리즘을 활용하여 최적의 답을 찾아내는 기계 학습 시스템일 뿐, 인간처럼 감정을 느끼거나 주체적인 의사 결정을 내릴 능력은 없다. 그러나 AI의 발전 속도를 감안할 때, 미래의 AI가 "자율적 사고"나 "창의적 판단"을 수행할 수 있는 수준에 도달할 가능성이 제기되고 있으며, 이는 "기계가 인간과 같은 지적 존재가 될 수 있는가?"에 대한 철학적 논쟁을 더욱 심화시키고 있다.

만약 AI가 인간 수준의 지능을 가지게 된다면, "AI에게 법적 인격을 부여할 것인가? AI의 권리는 어디까지 인정될 것인가?"와 같은 새로운 윤리적·법적 문제가 등장할 것이다. 사회적 관점에서 AI는 노동 시장, 교육, 정치, 경제, 문화 등 사회 전반에 걸쳐 기존 시스템을 변화시키며, 인간의 삶을 근본적으로 재구성하는 역할을 하고 있다. AI가 인간의 노동을 대체하면서 전통적인 직업 개념이 변화하고 있으며, AI와의 협업이 필수적인 시대가 도래하고 있다.

또한, AI는 교육 분야에서 맞춤형 학습 시스템을 구축하고, 개인의 학습 패턴을 분석하여 최적화된 교육을 제공하는 방식으로, 전통적인 교육 시스템을 변화시키고 있다. 정치 및 경제 분야에서도 AI는 빅데이터 분석을 기반으로 정책을 수립하고, 자동화된 금융 시스템을 운영하는 등 사회적 의사결정 과정에 개입하면서, 인간 중심의 사회 시스템을 AI가 재편할 가능성을 보여주고 있다. 그러나 AI의 확산이 가져올 사회적 문제도 무시할 수 없다. AI는 사회적 불평등을 심화시키고, 디지털 격차를 확대할 가능성이 크다.

AI 기술을 보유한 기업과 그렇지 않은 기업 간의 경제적 격차는 물론, AI를 활용할 수 있는 고숙련 노동자와 AI에 의해 대체되는 저숙련 노동자 간의 격차가 극명하게 나타날 것이다. 또한, AI의 판단이 데이터 편향이나 알고리즘 설계자의 주관에 영향을 받을 경우, 차별적이거나 불공정한 결과를 초래할 수 있으며, 이는 사회적 갈등을 더욱 심화시킬 수 있다. 이러한 철학적·사회적 논의는 결국 AI를 인간 중심적으로 활용하기 위한 윤리적·법적 기준을 어떻게 설정할 것인지에 대한 문제로 귀결된다.

AI가 인간과 공존하는 사회를 만들기 위해서는, AI가 단순한 자동화 도구가 아니라 인간의 삶을 향상시키는 존재로 작동할 수 있도록 설계하고, 인간의 가치와 윤리를 반영하는 방향으로 발전해야 한다. AI는 인간을 대체하는 것이 아니라, 인간과 협력하고 보완하는 존재로서, 인간이 가진 창의성과 감성, 도덕적 판단력을 존중하는 방식으로 활용되어야 하며, AI 기술의 발전이 인간 사회의 지속 가능성과 조화를 이루는 방향으로 나아가야 할 것이다.

글로벌 AI 경쟁의 미래, 그리고 딥시크

AI 기술은 단순한 혁신을 넘어 국가 간 패권 경쟁의 핵심 요소로 자리 잡고 있으며, 글로벌 AI 경쟁은 더욱 치열해질 전망이다. 현재 AI 시장은 미국과 중국이 선두를 달리는 양강 구도를 형성하고 있으며, 유럽연합(EU)과 한국, 일본 등도 AI 기술 개발과 AI 거버넌스 수립에 적극적으로 참여하면서 다극화된 AI 경쟁 체제가 구축되고 있다.

미국은 OpenAI, 구글(DeepMind), 메타(Meta)와 같은 AI 선도 기업을 앞세워 AI 패권을 유지하려 하고 있으며, 중국은 바이두(Baidu), 알리바바(Alibaba), 화웨이(Huawei) 등과 함께 AI 반도체와 초거대 AI 모델 개발을 가속화하며 서구권의 기술적 우위를 따라잡으려는 전략을 펼치고 있다. 특히, 중국의 AI 스타트업 딥시크(DeepSeek)의 등장은 AI 경쟁 구도에 새로운 변화를 일으키고 있으며, 딥시크는 글로벌 AI 시장에서 중국의 입지를 강화하는 중요한 변수로 떠오르고 있다.

딥시크는 초거대 AI 모델을 개발하여 기존 AI 기술보다 낮은 비용으로도 고성능을 구현할 수 있는 혁신적인 연구를 진행하고 있으며, 이는 AI 연구개발(R&D) 비용 부담을 줄이면서 AI 대중화를 촉진할 수 있는 가능성을 보여주고 있다. 미국 중심의 AI 독점 체제에서 탈피하려는 중국의 전략과 맞물려, 딥시크는 자체적으로 AI 생태계를 구축하고 AI 기술 자립을 이루려는 중국 정부의 AI 독립 전략을 실현하는 중요한 역할을 할 것으로 보인다.

특히, 딥시크의 AI 모델이 서구 AI 모델(OpenAI GPT-4, 구글 Gemini 등)에 비해 비용 효율성이 높으면서도 성능이 경쟁력 있는 수준으로 평가된다면, 이는 중국뿐만 아니라 신흥 시장(동남아, 중동, 아프리카 등)에서 서구 AI 모델을 대체할 가능성을 높이는 요인이 될 수 있다. 이러한 AI 경쟁 구도 속에서, AI 패권을 둘러싼 국가 간 기술 블록화(Tech Bloc: 기술 동맹)가 가속화될 가능성이 높다.

미국은 중국의 AI 발전을 견제하기 위해 엔비디아(NVIDIA) 등 AI 반도체 기업의 중국 수출을 제한하고 있으며, AI 기반 클라우드 서비스(예: AWS, 구글 클라우드)에 대한 중국 기업의 접근을 차단하는 전략을 시행하고 있다. 반면, 중국은 AI 반도체 개발을 독자적으로 추진하고, AI 인프라를 자체 구축하는 방식으로 미국의 기술 봉쇄를 우회하려는 전략을 펼치고 있다.

딥시크는 이러한 상황에서 중국 AI 기술 자립의 핵심 기업 중 하나로 자리 잡을 가능성이 크며, AI 반도체 · 모델 개발 · 데이터 주권 정책과 연계하여 중국이 글로벌 AI 시장에서 영향력을 확대하는 데 중요한 역할을 하게 될 것이다. 향후, 글로벌 AI 경쟁의 미래는 AI 기술 발전 속도, AI 규제 및 윤리 정책, AI 데이터 보호 및 국가 간 협력 수준 등에 따라 크게 달라질 것이다. 미국과 중국이 AI 기술을 중심으로 공급망 · 데이터 · 표준 경쟁을 지속하면서 AI 거버넌스 체계가 분리될 가능성도 있으며, 이는 AI 기술의 글로벌 확산과 상업적 활용에 새로운 장애 요인으로 작용할 수 있다.

또한, AI의 자동화 및 초거대 모델 개발이 가속화되면서, AI 기업 간의 경쟁이 치열해지고 AI의 독점화 및 중앙집중화 문제가 대두될 가능성도 있다. 딥시크가 이러한 AI 경쟁에서 어떤 위치를 차지하게 될지는 아직 단정할 수 없지만, AI 비용 절감 및 효율성 극대화를 목표로 하는 딥시크의 접근 방식이 성공할 경우, 글로벌 AI 시장에서 새로운 경쟁 구도를 형성할 가능성이 높다.

결국, 글로벌 AI 경쟁은 단순한 기술 경쟁을 넘어, AI의 윤리적 사용, 데이터 보호 정책, AI의 군사적 활용 가능성, 노동 시장 변화 등 다양한 사회적 · 경제적 요인과 맞물려 진행될 것이며, 딥시크를 포함한 새로운 AI 플레이어들의 등장이 글로벌 AI 시장의 판도를 뒤흔드는 주요 변수가 될 것이다.

딥시크, 기회인가 위협인가?

딥시크의 등장은 글로벌 AI 시장에서 새로운 경쟁 구도를 형성할 수 있는 중요한 변수로 작용하고 있다. 현재 AI 시장은 미국의 오픈AI(GPT-4), 구글(DeepMind, Gemini), 메타(LLaMA) 등 서구권 기업들이 선도하는 구조를 유지하고 있으며, 중국은 바이두(Ernie Bot), 알리바바, 텐센트 등의 기업을 중심으로 AI 기술 발전을 가속화하고 있다. 이러한 상황에서 딥시크는 초거대 AI 모델을 저비용·고효율로 개발하여, 중국 AI 산업의 경쟁력을 높이고 AI 기술 대중화를 촉진할 수 있는 중요한 역할을 할 것으로 예상된다. 그러나 딥시크의 성장이 가져올 가능성과 함께 AI 기술의 독점화, 윤리적 문제, 글로벌 AI 패권 경쟁 심화 등 새로운 위협 요인도 함께 고려해야 한다.

◆ 가능성 1: AI 비용 절감 및 대중화 촉진

딥시크의 가장 큰 강점은 초거대 AI 모델을 기존보다 낮은 비용으로 학습·운영할 수 있도록 최적화된 기술을 개발하고 있다는 점이다. 이는 AI 모델을 보다 쉽게 접근할 수 있도록 만들어, 중소기업, 스타트업, 개발도상국에서도 고성능 AI를 활용할 수 있는 기회를 제공할 수 있다. 기존에는 AI 모델을 학습시키고 운영하는 데 막대한 비용이 소요되었지만, 딥시크의 기술이 상용화된다면 AI 접근성이 획기적으로 향상될 가능성이 있다.

◆ 가능성 2: 중국 AI 생태계의 독립 및 글로벌 경쟁력 강화

현재 중국은 미국의 AI 반도체 수출 제한과 AI 클라우드 인프라 접근 차단으로 인해

AI 기술 발전에 상당한 제약을 받고 있다. 그러나 딥시크는 자체적인 AI 모델을 개발하고, 중국 내 AI 생태계를 독립적으로 구축하는 데 기여할 가능성이 높다. 딥시크가 중국 정부 및 빅테크 기업들과 협력하여 AI 연구개발(R&D), 반도체 최적화, 데이터 처리 기술을 발전시키면, 중국은 서구권 기술에 대한 의존도를 낮추고 독자적인 AI 산업을 구축할 수 있는 기회를 얻을 것이다.

◆ 가능성 3: 글로벌 AI 경쟁 구도의 변화

현재 AI 시장은 미국 기업들이 주도하는 독점적 구조를 형성하고 있지만, 딥시크가 중국 AI 모델의 경쟁력을 높인다면 신흥 시장(동남아, 중동, 아프리카 등)에서 중국 AI 모델이 확산될 가능성이 크다. AI 기반 서비스(음성 인식, 번역, 의료 AI, 교육 AI 등)는 언어 및 문화적 차이에 따라 맞춤형 모델이 필요하며, 중국 AI가 아시아 및 비서구권 국가들에서 빠르게 채택될 가능성이 있다. 하지만 이러한 가능성과 함께 딥시크가 초래할 수 있는 여러 가지 위협 요인도 무시할 수 없다.

◆ 위협 1: 글로벌 AI 경쟁 심화 및 기술 블록화 가속화

딥시크가 중국 AI 기술의 경쟁력을 높인다면, 이는 미국과 중국 간 AI 패권 경쟁을 더욱 심화시키고, 글로벌 기술 블록화(Tech Bloc) 현상을 가속화할 가능성이 있다. 현재 미국은 AI 반도체 및 클라우드 인프라 차단을 통해 중국의 AI 발전을 견제하고 있으며, 중국도 자체적인 AI 기술을 발전시키며 글로벌 AI 생태계를 미국과 별도로 구축하려는 움직임을 보이고 있다. 딥시크가 본격적으로 성장한다면, AI 기술이 국경을 초월하여 자유롭게 활용되는 것이 아니라, 각국이 자국 중심의 AI 생태계를 보호하고 기술을 무기화하는 방향으로 갈 가능성이 커질 수 있다.

◆ 위협 2: AI 기술의 불투명성과 윤리적 문제

AI 모델이 훈련되는 데이터와 알고리즘이 공개되지 않을 경우, 딥시크의 AI가 편향된 데이터로 훈련되거나, 특정 정치적·사회적 관점을 반영하는 방식으로 운영될 가능성이 있다. AI가 의사결정을 내리는 과정이 불투명할 경우, AI의 공정성, 신뢰성, 책임성에 대한 문제가 제기될 수 있으며, 이는 글로벌 AI 거버넌스 논의에서 주요 쟁점이 될 것이다.

◆ 위협 3: AI 기술의 무기화 및 감시 시스템 강화

중국은 이미 AI를 국가 안보 및 감시 시스템에 적극적으로 활용하고 있으며, 딥시크와 같은 고성능 AI 모델이 중국 정부의 사회 통제 및 감시 능력을 더욱 강화할 가능성이 있다. 예를 들어, AI 기반 안면 인식 시스템, 데이터 분석을 통한 사회 신용 점수 시스템 강화, 온라인 여론 조작 등이 가능해질 경우, AI가 정치적 자유와 개인정보 보호를 위협하는 도구로 악용될 가능성이 높아진다.

◆ 위협 4: AI 기술 독점과 일자리 감소 문제

딥시크가 AI 모델을 저비용으로 운영할 수 있는 기술을 확보한다면, 이는 AI의 빠른 확산을 촉진하지만 동시에 인간의 노동 시장에도 부정적인 영향을 미칠 수 있다. AI 자동화가 가속화되면서 콜센터, 금융, 법률, 의료, 물류 등 다양한 산업에서 기존의 일자리가 AI로 대체될 가능성이 커지고 있으며, AI 기술을 보유한 기업과 그렇지 않은 기업 간의 격차도 심화될 것이다. AI 기술이 특정 대기업과 정부 기관에 의해 독점될 경우, AI의 혜택이 불균형하게 분배되면서 경제적 불평등이 심화될 가능성도 존재한다.

딥시크는 AI 시장의 판도를 바꿀 중요한 변수로 작용할 가능성이 크다. 비용 효율성이 뛰어난 AI 모델을 제공함으로써 AI 대중화를 촉진하고, 글로벌 AI 경쟁 구도를 변화시키며, 중국 AI 기술의 독립성을 강화하는 기회가 될 수 있다. 그러나 동시에 AI 기술의 악용 가능성, 글로벌 기술 블록화 심화, 노동 시장 변화 등의 문제를 초래할 수 있으며, AI 윤리 및 규제 논의에서도 새로운 도전 과제를 제시할 것이다.

딥시크의 성공 여부는 AI 기술이 글로벌 차원에서 어떻게 규제되고, 각국이 AI를 어떤 방식으로 활용하느냐에 따라 달라질 것이며, AI가 인간과 공존할 수 있는 방향으로 개발되고 사용될 수 있도록 윤리적·사회적 논의가 필수적이다. AI는 단순한 기술이 아니라, 미래 사회의 구조를 결정짓는 핵심 요소이며, 딥시크가 이 변화의 중심에서 어떤 역할을 하게 될지는 앞으로의 글로벌 AI 경쟁에서 중요한 관심사가 될 것이다.

AI와 인간이 함께 나아갈 방향: 딥시크의 역할

AI 기술이 빠르게 발전하면서, 인간과 AI가 어떻게 협력하며 공존할 것인가에 대한 논의가 필수적이 되었다. AI는 단순한 자동화 기술을 넘어, 경제·산업·사회 전반에서 인간의 능력을 확장하는 중요한 도구로 자리 잡고 있으며, 인간의 노동과 창의성을 보완하는 방식으로 발전해야 한다. 그러나 AI의 급속한 발전은 노동 시장 변화, 프라이버시 보호, 윤리적 문제, 기술 격차 등의 새로운 도전 과제를 동반하고 있다. 따라서 AI를 인간 중심적으로 설계하고, AI와 인간이 상호 협력하는 방향으로 발전하는 것이 미래 사회의 지속 가능성을 보장하는 핵심 요소가 될 것이다.

이러한 AI 발전의 흐름 속에서, 딥시크는 AI 기술의 접근성을 높이고, 글로벌 AI 경쟁의 균형을 변화시키는 중요한 역할을 할 가능성이 크다. 딥시크는 비용 효율적인 AI 모델을 개발하여 AI 대중화를 촉진하는 전략을 채택하고 있으며, 이는 AI의 확산과 AI 기반 사회 혁신을 가속화할 수 있는 요인이 될 수 있다. 기존에는 초거대 AI 모델을 학습하고 운영하는 데 막대한 비용이 소요되었지만, 딥시크의 모델이 상용화된다면, AI의 민주화가 가속화되면서 더 많은 기업과 개인이 고성능 AI를 활용할 수 있는 환경이 조성될 것이다.

딥시크가 AI와 인간의 협업을 촉진하는 데 기여할 수 있는 주요 분야는 의료, 교육, 스마트 시티, 금융, 자동화 산업 등이다. 딥시크의 AI 모델이 의료 데이터 분석을 최적화하고, 진단 속도를 높이며, 맞춤형 치료법을 제시하는 방식으로 의료 시스템을 개선할 수 있다. 교육 분야에서는 학생의 학습 패턴을 분석하고, 개인 맞춤형 교육 프로그램을 자동으로 생성하여, 보다 효과적인 학습 환경을 조성하는 것이 가능하다. 또한, 딥시크의 AI 모델이 스마트 시티와 자율주행 시스템에서 데이터를 실시간으로 처리하고 최적의 교통 흐름을 예측하는 방식으로 도시 효율성을 높이는 역할을 할 수도 있다. 그러나 딥시크가 가져올 기술적 · 경제적 가능성과 함께, AI 기술의 무기화, 윤리적 문제, 글로벌 AI 패권 경쟁 심화 등 새로운 위협 요소도 존재한다.

딥시크가 중국의 AI 자립 전략의 핵심 역할을 하면서, AI 기술이 국가 안보 및 감시 시스템에 활용될 가능성이 커지고 있으며, 이는 AI가 자유와 민주주의를 위협하는 수단으로 사용될 수 있다는 우려를 낳고 있다. 또한, 딥시크가 AI 모델을 공개적으로 배포할 경우, AI 기술이 악의적으로 사용될 가능성도 있다. 가짜 뉴스 제작, 딥페이크 사기, AI 기반 해킹 기술 발전 등 AI 오용 및 악용 문제는 딥시크와 같은 초거대 AI 모델이 성장하면서 더욱 심각한 위협이 될 수 있다.

결국, AI와 인간이 함께 나아가기 위해서는 AI 기술 발전과 윤리적 · 사회적 책임의 균형을 맞추는 것이 필수적이며, 딥시크와 같은 새로운 AI 모델들이 이러한 균형을 유지할 수 있도록 국제적인 논의와 협력이 필요하다. AI 기술이 인간의 노동과 창의성을 보완하는 방향으로 발전하고, AI의 책임성을 보장하는 법적 · 윤리적 거버넌스가 마련된다면, AI는 인간과 협력하여 더 나은 사회를 만들어가는 중요한 동반자로 자리 잡을 것이다.

딥시크가 글로벌 AI 시장에서 성공하기 위해서는 단순한 기술 개발을 넘어서, AI의 윤리적 문제를 해결하고, 인간 중심적 AI 생태계를 구축하는 데 기여할 수 있는 전략이 필요할 것이다. 궁극적으로, AI와 인간의 공존은 기술적 진보와 함께 윤리적 통찰을 통해 이루어질 것이며, AI가 인간과 함께 미래를 만들어가는 방향으로 설계되는 것이 필수적이다.

07

AI 및 딥시크 투자

138   딥시크를 비롯한 주요 AI 기업들의 투자 동향

142   AI 기술의 경제적 가치

146   AI 산업의 미래 성장 가능성에 대해 분석

"우리는 지금 어디에 투자를 해야 하는가?"

AI(인공지능)는 단순한 기술 혁신을 넘어, 경제·산업·사회 전반에 걸쳐 변화를 주도하는 핵심 동력으로 자리 잡았다. 특히, AI에 대한 투자는 미래 성장 가능성을 좌우하는 결정적인 요소가 되었으며, 기업과 국가들은 AI 산업의 패권을 차지하기 위해 경쟁적으로 투자 전략을 수립하고 있다.

이러한 흐름 속에서, 딥시크(DeepSeek)는 낮은 비용으로 고효율 AI 모델을 구현하는 독창적인 접근 방식을 통해 글로벌 AI 시장에서 주목받고 있다. 기존 AI 모델 대비 효율적인 연산 구조와 혁신적인 알고리즘을 적용하여 개발 비용을 절감하면서도, 성능은 기존의 초거대 언어 모델(LLM)과 유사한 수준을 유지하는 것이 딥시크의 핵심 경쟁력이다.

AI 투자는 단순한 연구개발(R&D) 자금 조달을 넘어, 기업 전략, 인프라 구축, 데이터 확보, AI 인재 양성, 그리고 AI 윤리 및 규제 대응까지 포괄하는 다층적인 구조를 형성하고 있다. AI 스타트업과 대형 테크 기업뿐만 아니라, 벤처캐피털(VC), 사모펀드(PE), 정부 기관, 그리고 글로벌 금융 시장에서도 AI 산업에 대한 투자 열기가 뜨겁다. 특히, AI 반도체, 클라우드 AI, 생성형 AI(Generative AI), 자율주행, 의료 AI 등 특정 분야에 대한 전략적 투자가 증가하면서, AI 산업 생태계는 더욱 세분화되고 전문화되는 양상을 보이고 있다.

딥시크의 성공 사례는 AI 투자 전략의 새로운 패러다임을 보여주는 대표적인 사례로 평가받는다. 이번 장에서는 딥시크를 비롯한 주요 AI 기업들의 투자 동향, AI 기술의 경제적 가치, 그리고 AI 산업의 미래 성장 가능성에 대해 분석하며, AI 투자가 글로벌 경제 및 산업 구조에 미치는 영향을 심층적으로 탐구할 것이다.

딥시크를 비롯한 주요 AI 기업들의 투자 동향

AI 산업은 현재 전례 없는 투자 붐을 맞이하고 있으며, 주요 AI 기업들은 경쟁적으로 연구개발(R&D)과 인프라 구축에 막대한 자금을 투입하고 있다. 특히, 초거대 언어 모델(LLM), AI 반도체, 생성형 AI(Generative AI), 자율주행, 의료 AI 등 특정 분야에서 활발한 투자 활동이 이루어지고 있으며, 기업들은 비용 효율성과 성능 최적화를 동시에 고려하는 방향으로 전략을 수립하고 있다.

◆ 딥시크(DeepSeek)의 투자 전략과 시장 영향력

딥시크(DeepSeek)는 효율적인 AI 모델 개발을 통해 상대적으로 적은 비용으로도 경쟁력 있는 AI 기술을 구현하는 전략을 취하고 있으며, 이는 투자자들에게 높은 관심을 불러일으키고 있다.

MoE(Mixture-of-Experts) 기반의 비용 절감형 AI 모델 개발

- 기존 초거대 AI 모델들은 모든 매개변수(Parameters)를 동시에 활성화하는 방식이지만, 딥시크는 특정 작업에 필요한 모델만 활성화하는 방식으로 메모리 사용량을 최대 90%까지 절감하며, 저사양 AI 반도체에서도 원활하게 작동할 수 있는 구조를 구현했다.

딥시크는 전문가 혼합(MoE) 아키텍처를 활용하여 AI 모델의 연산 효율을 극대화하고 있다. 이러한 전략은 비용 절감과 성능 유지라는 두 가지 요소를 모두 충족하며, AI 투자자들에게 효율적인 AI 개발 모델을 제시하는 사례로 주목받고 있다.

중국 정부 및 투자자들의 적극적인 지원

- 중국 정부는 자국 AI 생태계 자립을 위해 딥시크와 같은 AI 스타트업을 전략적으로 육성하고 있으며, 화웨이(Huawei), 바이두(Baidu), 알리바바(Alibaba) 등 대형 기술 기업과의 협력을 통해 AI 반도체 및 클라우드 인프라를 확보하고 있다.
- 딥시크는 이러한 생태계 내에서 지속적인 투자 유치를 통해 글로벌 AI 시장에서의 입지를 강화하고 있다.

◆ 글로벌 AI 기업들의 투자 동향

오픈AI(챗GPT): 초거대 AI 모델과 기업 맞춤형 AI 개발

- 오픈AI는 GPT-4 및 후속 모델 개발에 집중 투자하고 있으며, 기업 맞춤형 AI 솔루션을 제공하는 방향으로 사업을 확장하고 있다.
- 마이크로소프트(Microsoft)와의 협력을 통해 애저(Azure) 클라우드 기반 AI 서비스를 강화하며, AI 인프라 구축에도 지속적인 투자를 단행하고 있다.
- 생성형 AI(Generative AI)와 멀티모달 AI(텍스트, 이미지, 음성 등을 통합하는 AI)의 발전을 위해 추가적인 연구개발(R&D) 투자가 진행 중이다.

구글(DeepMind & Google AI): 차세대 AI 모델과 AI 검색 기술 강화

- 구글의 AI 연구 부문인 DeepMind와 Google AI는 'Gemini' 모델을 통해 초거대 AI 시장에서 경쟁력을 확보하려는 전략을 추진하고 있다.
- 검색엔진과 AI 모델을 결합한 AI 검색 서비스 개발에도 투자하여, 기존 검색 방식의 패러다임을 바꾸는 시도를 지속하고 있다.

메타(Meta): 오픈소스 AI 모델과 AI 인프라 투자 확대

- 메타는 오픈소스 기반의 LLaMA 모델을 개발하여 AI 기술을 개방형 생태계로 확장하는 전략을 추진하고 있다.

- AI 연구개발뿐만 아니라, 데이터센터 및 AI 전용 칩 개발에도 대규모 투자를 단행하고 있다.

엔비디아(NVIDIA): AI 반도체 시장 지배력 강화

- 엔비디아는 AI 모델의 핵심 하드웨어인 GPU(Graphics processing unit) 시장에서 절대적인 지배력을 유지하고 있다.

- AI 연산 속도를 극대화하기 위한 AI 전용 반도체(Grace hopper superchip) 개발에 대규모 투자를 진행하고 있다.

- AI 데이터센터 구축 및 클라우드 AI 컴퓨팅 시장 확장을 위한 전략적 파트너십을 강화하고 있다.

중국 AI 기업들: 반도체 및 AI 독립 전략

- 바이두(Baidu), 알리바바(Alibaba), 텐센트(Tencent) 등 중국 빅테크 기업들은 자체적인 AI 반도체 개발과 AI 클라우드 인프라 구축을 통해 미국 기술 의존도를 낮추는 방향으로 투자를 확대하고 있다.

- 중국의 AI 스타트업 생태계도 급성장하고 있으며, 딥시크와 같은 기업들이 AI 연구개발(R&D)과 시장 확장을 주도하고 있다.

◆ AI 투자 트렌드 및 전망

AI 스타트업에 대한 벤처캐피털(VC) 투자 증가

- 2023년부터 AI 스타트업에 대한 벤처캐피털(VC) 투자가 급격히 증가하고 있다.

- 생성형 AI, 의료 AI, 자율주행 AI 분야가 투자자들에게 가장 매력적인 분야로 평가받고 있다.

AI 반도체 및 인프라 투자 확대

- AI 모델이 점점 더 복잡해짐에 따라, AI 전용 반도체와 데이터센터 인프라에 대한 투자도 빠르게 증가하고 있다.

- 클라우드 AI 서비스 및 AI 컴퓨팅 리소스 최적화 기술이 주요 투자 분야로 떠오르고 있다.

AI 윤리 및 규제 대응 투자 확대

- AI 기술이 확산되면서, 윤리적 문제(편향성, 개인정보 보호, AI 오용 등)에 대한 해결책을 찾기 위한 연구개발(R&D) 투자도 늘어나고 있다.

- AI 법률 및 규제 대응을 위한 기업들의 투자도 증가하고 있으며, AI 신뢰성 확보와 책임 있는 개발이 중요한 이슈로 부각되고 있다.

AI 투자의 방향성과 딥시크의 역할 AI 산업은 기술 발전과 투자 확장이 동시에 이루어지는 초고속 성장기를 맞이하고 있으며, 글로벌 주요 AI 기업들은 시장 주도권을 확보하기 위해 대규모 투자를 지속하고 있다. 딥시크의 성공 사례는 AI 스타트업이 기술적 최적화를 통해 거대 AI 기업들과 경쟁할 수 있는 가능성을 보여준 중요한 사례이며, 향후 AI 투자의 방향성을 결정하는 중요한 변수가 될 것으로 전망된다.

🐳 AI 기술의 경제적 가치

인공지능(AI)은 단순한 기술 혁신을 넘어 경제 전반의 생산성을 높이고, 새로운 산업을 창출하며, 기존 시장 구조를 변화시키는 핵심 동력으로 자리 잡고 있다. AI 기술이 경제에 미치는 영향은 산업 자동화, 노동시장 재편, 비용 절감, 혁신 촉진, 데이터 경제 활성화 및 노동시장의 구조가 변화하고 있으며, 반복적인 업무가 AI로 대체되는 반면, AI를 활용한 고급 기술직과 창의적 직업군이 새롭게 등장하고 있다.

◆ AI가 창출하는 경제적 부가가치

AI는 기존 산업의 생산성을 극대화하는 동시에, 비용 절감의 도구 및 존 산업을 자동화하는 동시에, 새로운 산업과 직업을 창출하여 경제 성장에 기여하고 있다.

생산성 향상 및 비용 절감

- **자동화(AI-Driven automation)** 제조업, 물류, 금융, 의료 등 다양한 산업에서 AI 기반 자동화를 도입하여 업무 속도를 높이고 오류를 줄이며, 인건비를 절감하고 있다.

- **예측 및 최적화(Predictive analytics & Optimization)** AI는 수요 예측, 공급망 관리, 에너지 소비 최적화 등의 영역에서 데이터 분석을 통해 운영 효율성을 극대화한다.

- **AI 기반 고객 서비스** 챗봇 및 AI 콜센터 도입으로 기업들은 고객 응대 비용을 절감하면서도, 24시간 서비스 제공이 가능해졌다.

- 🐳 AI 기반 예측 유지보수(Predictive maintenance)는 제조업과 항공 산업에서 기계 오작동을 사전에 감지하여 유지보수 비용을 30% 이상 절감하는 효과를 거두고 있다.

신산업 및 일자리 창출

- **AI 하드웨어 및 반도체 산업** AI 연산을 위한 고성능 GPU, TPU 및 AI 전용 반도체 시장이 급격히 성장하고 있으며, 이는 AI 생태계 확장의 기반이 되고 있다.

- **AI 소프트웨어 및 서비스 산업** AI 모델을 활용한 사이버 보안, 금융 분석, 맞춤형 추천 시스템 등의 새로운 비즈니스 모델이 등장하고 있다.

- **데이터 경제 활성화** AI는 데이터 수집, 분석, 관리 등의 새로운 경제 구조를 형성하며, 데이터 기반 경제(Data-Driven economy)의 가치를 창출하고 있다.

> AI 스타트업 생태계는 전 세계적으로 급성장하고 있으며, 특히 생성형 AI(Generative AI), 자율주행, 의료 AI 분야에서 신규 투자와 일자리 창출이 활발하다.

노동시장 재편 및 인적 자원 혁신

- **AI 자동화로 인한 직무 변화** 단순 반복 업무(콜센터, 회계 데이터 입력, 물류 관리 등)는 AI가 대체하고, 인간은 보다 창의적이고 전략적인 업무에 집중하는 방향으로 전환되고 있다.

- **AI 활용 직무 증가** 데이터 과학자, AI 엔지니어, 머신러닝 연구원, 로봇 프로그래머 등 AI 기반의 새로운 직업이 빠르게 증가하고 있다.

- **AI 리터러시(AI Literacy) 필요성 증가** AI와 협업하는 능력이 필수 역량이 되면서, 교육 및 직업 재훈련(Reskilling)이 중요한 경제적 과제로 떠오르고 있다.

> AI 기반 자동화 시스템이 기업의 운영 비용을 절감하는 동시에, 데이터 분석 전문가와 AI 모델 최적화 엔지니어 등 새로운 직업이 탄생하고 있다.

◆ AI 기술이 주도하는 산업 혁신

금융 및 투자 산업 혁신

- AI 기반 알고리즘 트레이딩(Algorithmic trading)은 초당 수천 개의 데이터를 분석하여 금융 시장 예측과 자동화된 거래를 수행한다.

- AI는 신용평가, 부정 거래 탐지(Fraud detection), 리스크 분석 등의 금융 서비스에서 강력한 분석 도구로 활용되고 있다.

☞ 골드만삭스(Goldman sachs)와 JP모건(JP Morgan)은 AI 기반 자동 투자 시스템을 도입하여 거래 속도를 향상시키고 리스크 관리를 강화하고 있다.

의료 및 헬스케어 혁신

- AI는 질병 진단, 신약 개발, 의료 분석, 맞춤형 치료 계획 수립 등의 영역에서 혁신적인 역할을 하고 있다.

- AI 기반 유전체 분석 기술은 개인 맞춤형 의료(Personalized medicine)를 가능하게 하여 치료 효과를 극대화하고 있다.

☞ AI 기반 영상 분석 기술을 활용하여, 방사선 촬영에서 암을 조기에 발견하는 진단 정확도가 95% 이상 증가했다.

스마트 제조 및 자율공장(Smart factory) 혁신

- AI는 생산 공정을 자동화하고, 실시간 데이터 분석을 통해 최적의 생산 조건을 유지하는 역할을 수행한다.

- IoT(사물인터넷)와 결합된 AI 기술은 공장 내 모든 장비를 연결하여, 데이터 기반 의사결

정이 가능하도록 한다.

- 테슬라(Tesla)는 AI 기반 스마트 공장을 운영하여, 기존 공장 대비 생산 효율성을 30% 이상 향상시켰다.

◆ AI 기술의 경제적 파급력과 미래 전망

AI 시장 규모의 폭발적 성장

- 글로벌 AI 시장은 2023년 약 2000억 달러(약 270조 원) 규모에서 2030년까지 1조 달러(약 1350조 원) 이상으로 성장할 전망이다.

- AI 투자 및 연구개발(R&D) 비용이 지속적으로 증가하며, 산업 전반에 걸쳐 AI 도입이 가속화될 것으로 예상된다.

AI 기반 혁신 기업의 부상

- 딥시크(DeepSeek), 오픈AI(챗GPT), 구글(DeepMind), 메타(Meta) 등 AI 기업들이 AI 투자와 기술 혁신을 주도하고 있다.

- AI 스타트업들은 고유한 AI 솔루션을 기반으로 다양한 산업에 혁신적인 비즈니스 모델을 도입하고 있다.

AI가 이끄는 경제 혁명 AI 기술은 단순한 자동화 도구를 넘어, 경제 성장, 산업 혁신, 노동시장 변화, 데이터 경제 활성화 등 다양한 방식으로 경제적 가치를 창출하고 있다. AI 투자와 기술 발전이 지속되는 한, AI의 경제적 가치는 앞으로 더욱 증가할 것이며, AI를 효과적으로 활용하는 국가와 기업이 미래 경제의 주도권을 쥘 것이다.

AI 산업의 미래 성장 가능성에 대해 분석

인공지능(AI) 산업은 빠른 기술 혁신과 광범위한 산업 적용을 기반으로 폭발적인 성장을 지속하고 있으며, 향후 수십 년간 경제, 산업, 사회 전반에서 핵심 동력으로 자리 잡을 것으로 예상된다. 특히, AI 연산 성능의 향상, 데이터 처리 기술 발전, AI 반도체 혁신, 그리고 생성형 AI(Generative AI)의 확산이 AI 산업의 성장 가능성을 더욱 높이고 있다.

◆ AI 산업의 주요 성장 동력

AI 모델 성능 향상과 연산 능력 발전

- AI 기술의 발전은 모델 크기 증가, 학습 데이터 확장, 알고리즘 최적화 등으로 인해 지속적인 성능 향상이 이루어지고 있다.

- GPT-4, Gemini, 딥시크 R1과 같은 초거대 언어 모델(LLM)의 등장으로 자연어 처리(NLP) 및 멀티모달 AI(텍스트, 이미지, 음성 통합 모델)의 발전이 가속화되고 있다.

- 양자 컴퓨팅(Quantum computing)의 발전과 함께 AI 연산 속도가 획기적으로 증가하면, 현재보다 훨씬 복잡한 연산이 가능해지고, AI의 실시간 처리 능력이 크게 향상될 것으로 기대된다.

  - 딥마인드(DeepMind)의 AlphaFold는 AI 기반 단백질 구조 예측을 통해 생명과학 분야에서 획기적인 혁신을 가져옴으로써, AI의 과학적 연구 적용 가능성을 입증했다.

AI 반도체 및 컴퓨팅 인프라의 발전

- AI의 성능이 향상될수록 연산량이 기하급수적으로 증가하기 때문에, 이를 뒷받침할 수 있는 AI 반도체와 클라우드 인프라가 필수적이다.

- 엔비디아, 인텔, AMD, 화웨이 등 주요 반도체 기업들은 AI 전용 칩(ASIC, TPU, GPU) 개발을 가속화하며, 새로운 메모리 아키텍처를 도입하여 AI 연산 성능을 극대화하고 있다.

- 클라우드 AI 컴퓨팅과 엣지 AI(Edge AI) 기술 발전으로 인해 AI 연산의 효율성이 더욱 향상될 것으로 전망된다.

> 엔비디아의 AI 전용 GPU 'H100'은 기존 모델 대비 AI 연산 속도를 4배 이상 향상시키며, AI 산업의 성장에 필수적인 연산 인프라를 제공하고 있다.

생성형 AI(Generative AI) 시장의 급성장

- 생성형 AI는 텍스트, 이미지, 영상, 코드, 음악 등을 생성할 수 있는 AI 모델로, ChatGPT, 미드저니(Midjourney), Stable Diffusion 등의 서비스가 대표적인 예이다.

- AI는 콘텐츠 제작, 마케팅, 디자인, 엔터테인먼트 산업뿐만 아니라 법률, 금융, 교육 등 다양한 분야에서도 활용도가 증가하고 있다.

- AI가 단순한 데이터 분석을 넘어 창의적인 결과물을 생성하는 능력이 향상됨에 따라, 새로운 비즈니스 모델이 등장하고 있으며, AI 경제가 더욱 활성화될 것으로 예상된다.

> 마이크로소프트(Microsoft)는 생성형 AI를 오피스 제품군(Word, Excel, PowerPoint)에 통합하여 생산성을 혁신적으로 향상시키고 있다.

AI 자동화 및 로봇 기술의 확산

- AI 기반 자동화 시스템과 로봇 기술의 발전으로, 산업 전반에서 AI의 역할이 확대되고 있다.

- 자율주행, 스마트 팩토리, 의료 로봇, 무인 물류 시스템 등이 AI를 기반으로 빠르게 성장하

- 고 있으며, 미래 산업 구조가 AI 중심으로 재편될 가능성이 크다.
- AI가 단순한 소프트웨어 시스템을 넘어, 실제 물리적 세계와 결합하여 인간의 노동을 보조하거나 대체하는 방향으로 발전하고 있다.

◆ AI 산업의 주요 투자 및 경제적 전망

AI 시장 규모의 지속적인 확장

- 글로벌 AI 시장 규모는 2023년 약 2000억 달러(약 270조 원)에서 2030년까지 1조 달러(약 1350조 원) 이상으로 성장할 것으로 전망된다.
- AI는 제조, 의료, 금융, 교육, 에너지 등 다양한 산업에 적용되면서 전 세계 GDP 성장에 기여할 것으로 예상된다.

🍀 PwC 보고서에 따르면, AI가 2030년까지 전 세계 경제에 15조 달러(약 2경 원) 이상의 경제적 부가가치를 창출할 것으로 예상된다.

AI 스타트업 및 기업들의 대규모 투자

- 오픈AI(챗GPT), 딥마인드(DeepMind), 딥시크(DeepSeek), 구글, 메타, 바이두, 텐센트 등 글로벌 AI 기업들은 AI 연구개발(R&D) 및 인프라 구축에 막대한 투자를 단행하고 있다.
- 생성형 AI, AI 반도체, 자율주행, 의료 AI 분야에서 대규모 벤처캐피털(VC) 및 기관 투자자들의 AI 스타트업 투자도 지속적으로 증가하고 있다.

결론적으로, AI 산업은 기술 혁신과 경제적 가치를 동시에 창출하며, 미래 사회를 변화시키는 핵심 동력으로 자리 잡고 있다. 생성형 AI(Generative AI), AI 반도체, 자동화 및 자율주행 기술 등 다양한 분야에서 AI의 영향력이 확대되고 있으며, AI가 산업과 사회 구조를 근본적으로 재편할 것이라는 전망이 현실화되고 있다.

AI의 미래는 기술적 발전을 넘어, 이를 둘러싼 정치적·경제적 환경과도 밀접하게 연결되어 있다. AI 산업이 지속적으로 성장하고 인류의 번영에 기여하기 위해서는 기술 개발과 윤리적 기준의 균형을 맞추고, 국제 협력과 규제를 조화롭게 설정하는 것이 중요하며, 우리 사회가 어떤 방향으로 나아갈 것인가에 대한 깊은 고민과 함께 결정될 것이다.

이 책에서는 AI 산업의 발전 과정과 기술적 혁신, 글로벌 경쟁, 그리고 AI가 가져올 기회와 도전에 대해 심층적으로 분석했다. 특히, 딥시크(DeepSeek)와 같은 혁신적인 AI 기업들이 등장하면서, 기존 AI 패권 구조가 흔들리고 AI 산업의 패러다임이 변화하고 있음을 확인할 수 있었다.

AI는 이제 단순한 기술적 도약이 아니라, 경제적·사회적 변화를 주도하는 핵심 요소이며, 국가 간 경쟁과 글로벌 규제, 윤리적 논의까지 포함하는 복합적인 이슈로 확장되고 있다. Ai가 가져올 미래는 단순히 기술의 발전 속도에 의해 결정되는 것이 아니라, 우리가 AI를 어떻게 활용하고 통제할 것인지에 대한 전략적 선택에 따라 달라질 것이다.

AI 산업의 미래는 여전히 많은 가능성과 도전을 품고 있다. 이 거대한 변화 속에서, 우리는 기술을 단순히 수용하는 것이 아니라, 능동적으로 활용하고, 그 방향을 주도하는 주체가 되어야 한다. 지금이야말로 AI가 만드는 새로운 시대를 이해하고, 미래를 준비할 가장 중요한 시점이며, AI가 인간을 대신하는 도구가 될지, 인간과 협력하는 동반자가 될지는 우리의 선택과 준비에 달려 있다.

초판 인쇄: 2025년 2월 18일
초판 발행: 2025년 2월 18일

출판등록 번호: 제 2015-000001 호
ISBN: 979-11-94000-07-5 (03800)

주소: 강원도 횡성군 횡성읍 송전로 209 (고즈녁한 길)
도서 구입 문의(신한서적) 전화: 031) 942 9851 팩스: 031) 942 9852
도서 내용 문의(책바세) 전화: 010 8287 9388
펴낸곳: 책바세
펴낸이: 이용태

지은이: 이용태
기획: 책바세
진행 책임: 책바세
편집 디자인: 책바세
표지 디자인: 책바세

인쇄 및 제본: (주)신우인쇄 / 031) 923 7333

본 도서의 저작권은 [책바세]에게 있으며, 내용 중 디자인 및 저자의 창작성이 인정되는 내용을 무단으로 복제 및 복사하는 것은 저작권법에 의해 처리될 수 있습니다.

Published by chackbase Co. Ltd Printed in Korea